IBRASA
LIVROS QUE CONSTROEM

Coleção "Filosofia" – 5 volumes publicados:

1. Pitágoras e o Tema do Número .... Mário Ferreira dos Santos
2. Platão - O Um e o Múltiplo .... Mário Ferreira dos Santos
3. O Sentido das Raças .... Frithjof Schuon
4. O Hindúísmo .... William Stoddart

Hikam

Palavras de Sabedoria

seguidas de uma seleção de *Epístolas* e de *Conversações confidenciais*

Ibn Atâ'Allah al-Iskandari

I21h Ibn Ata'Allah Al-Iskandari
Hikam: palavras de sabedoria: seguidas de uma seleção de epístolas e de conversações confidenciais / Titus Burckhardt; Monteiro Jr., Aluizio J. R. - São Paulo: IBRASA, 2010. (Coleção Filosofia, 5)

157 p.
ISBN 978-85-348-0342-7.

1. Epístolas. 2. Religião. 3. Burckhardt, Titus, Coordenação e introdução 4. Tradução para o português Aluizio J. R. Monteiro Jr.5. Tradùção para o francês Abd-ar-Rahman Buret. Título. II. Série

CDU: 229.93

Índice para catálogo sistemático:

1. Epístolas : 229.93
2. Religião: 2
3. Filosfia: 1

Ibn Atâ'Allah al-Iskandari

Hikam
Palavras de Sabedoria

seguidas de uma seleção de *Epístolas* e de *Conversações confidenciais*

Tradução do árabe para o francês por
Abd-ar-Rahman Buret

Com a colaboração e introdução de
Titus Burckhardt

Tradução
Aluizio J.R. Monteiro Jr.

Direitos desta edição reservados à

IBRASA
Instituição Brasileira de Difusão Cultural Ltda.
Rua 13 de Maio, 446
Te/Fax: (0xx11)3284-8382
ibrasa@ibrasa.com.br
www.ibrasa.com.br

Capa
PDesign

Editoração & Diagramação
PDesign
www.petillodesign.com

Tradução do árabe para o francês por
Abd-ar-Rahman Buret

Com a colaboração e introdução de
Titus Burckhardt

Tradução
Aluizio J.R. Monteiro Jr.

Revisão da Tradução
Lara Cristina Laimpensa

Coordenação e Produção Editorial:
Tania Jorge

IMPRESSO NO BRASIL - PRINTED IN BRAZIL

ÍNDICE

EPÍSTOLAS (*RASAIL*)

PREFÁCIO

Tâj ad-Dîn Abû al-Fadl Ahmad Ibn Muhammad Ibn 'Abd al-Karîm Ibn 'Atâ-Allah al-Iskandarî al-Judâmî as-Shâdilî, nasceu em Alexandria, Egito, no século XIII/VII (da hegira). De uma família de eruditos no direito malikita da tribo de Banû Judâm originária da Arábia, sendo seu avô 'Abd al-Kârim (morto em 1216/612) reconhecido em seu tempo como eminente conhecedor do *fiqh, usul* (princípios da jurisprudência) assim como da gramática árabe. Seu pai foi ao longo de sua vida discípulo do grande sheikh Sufi Abû al-Hasan as-Shâdilî (1197-1258/593-656), fundador da *tariqah* Shâdilyia.

Ibn 'Atâ-Allah recebeu uma educação tradicional islâmica, onde aprendeu a recitação do Corão, a ciência do *hadits*, a exegis (*tafsir*) do Livro sagrado, a gramática, *al-usul*, a filosofia, as belas letras e o *fiqh* (jurisprudência) recebida de grandes mestres.

Apesar do vínculo de seu pai com o mestre sheikh Sufi Abû al-Hasan as-Shâdilî, Ibn 'Atâ-Allah nos primeiros tempos de sua vida espiritual identificou-se com a atitude anti-Sufi de seu avô, algo que reconheceu mais tarde não estar baseado em argumentos definitivos. De fato, o que provocou, aos dezesseis anos de idade, seu encontro com o sheikh Abû al-'Abbâs al-Mursî, o sucessor do sheikh as-Shâdilî foi uma discussão com um discípulo do sheikh. Após esta diferença, Ibn 'Atâ-Allah decidiu ver a este homem com seus próprios olhos, pois antes de mais nada "um homem de verdade possui certo sinais que não podem ser dissimulados".

Encontrou-se perante um homem no qual os propósitos e a presença eram de tal grau de elevação espiritual que se viu pasmado e perplexo. Ibn 'Atâ-Allah conta que neste momento Deus dissipou nele toda objeção e argumentos que pudesse nutrir contra o sheikh e a Via Sufi, mudando por completo sua visão e dando uma nova dimensão a sua vida. A partir deste momento quando foi iniciado (1276/674) na *tariqah* Shadilyya e até a morte de seu mestre doze anos mais tarde, foi tocado pela *baraka* do sheikh Abû al-'Abbâs al-Mursî de uma maneira tão potente e intensa que transformou-se em seu herdeiro espiritual. Seu sheikh predisse que Ibn 'Atâ-Allah tornar-se-ia uma autoridade tanto na *sharia/fiqh* como na *tariqah*/Via espiritual, como conta: "Ele disse pela via da *sharia*, o conhecimento exotérico, e pelo da Verdade ou *tariqah*, o conhecimento esotérico".

O sheikh Abû al-'Abbâs al-Mursî foi um discípulo privilegiado do sheikh as-Shâdilî, *qutb* (polo espiritual) de seu tempo e um dos maiores mestres Sufis da história do Islã. Por sua estatura espiritual o sheikh al-Mursî, também tornou-se o polo de seu tempo sendo reconhecido como tal por numerosos Sufis. O sheikh as-Shâdilî lhe disse um dia: "O Abu al-Abbâs! não o tomei como discípulo senão afim de que tu se torne eu e que eu me torne você".

Originário do Marrocos, o sheikh Abû al-Hasan as-Shâdilî nasceu em 1196/593, fundou a *tariqah* em Tunes em 1227, e após uma visão muda-se para Alexandria em 1244, sua ascendência foi tamanha que numerosos discípulos, de todas as origens, pobres artesões e ricos da corte, filiaram-se a nova Ordem. Contrariamente ao costume estabelecido de usar vestimentas diferenciadas que faziam reconhecer as pessoas do *Tasawwuf*, o sheikh as-Shâdilî exigia de seus discípulos que mantivessem suas atividades normais, o fervor e a renúncia interior a este mundo. Viveu em uma torre perto de Alexandria, onde estabeleceu uma *zawiya,* uma mesquita para o ensinamento e celas de retiro para os discípulos.

Apesar de que o sheikh as-Shâdilî não ter escrito sobre sua doutrina, dizia que "seus discípulos são seus livros", sua sabedoria e santidade foram reconhecidas por muitos de seus contemporâneos. Compôs celebres orações que constituem elementos importantes do ritual de sua *tariqah* e que contém todos os aspectos doutrinais necessários aos discípulos, de todos os níveis, para sua realização espiritual. Veio a falecer durante sua viagem em peregrinação a Meca, em Humaytharâ ao sudoeste do Egito, onde se encontra hoje seu mausoléu e uma mesquita, lugar de peregrinação para *fuqara* de todo o mundo.

Em 1287 Ibn 'Atâ-Allah, sucede ao sheikh al-Mursî como mestre e grande sheikh da ordem Shadilyya. A partir de então reparte sua vida entre o ensinamento e a direção espiritual a seus discípulos e a redação de suas obras; ensinou também na mesquita de al-Azhar e na madrasa/ escola al-Mansûriyya no Cairo. Com relação aos fundamentos da Via espiritual, Ibn 'Atâ-Allah afirma que: "A base de sua Via - que Deus seja louvado - é a concentração em Deus, o combate contra a dispersão (*ádam at-tafriqa*), a perseverança no retiro espiritual (*khalwah*) e a invocação (*zikr*) do supremo Nome".

O sheikh Ibn 'Atâ-Allah morreu em novembro de 1309/709, na madrasa al-Mansûriyya com a idade de 60 anos. Centenas de pessoas assistiram a seus funerais e foi enterrado no cemitério de Qarâfa no Cairo. Sua tumba, restaurada recentemente e junto a qual foi construída uma mesquita é um lugar de homenagem, visitação, peregrinação, oração e de acontecimentos miraculosos.

Sua obra portadora de grandes ensinamentos metafísicos e espirituais, também dirigida ao crente comum, registra com beleza e sabedoria os ensinamentos de seus mestres: sheikh Abû al-'Abbâs al-Mursî e sheikh Sufi Abû al-Hasan as-Shâdilî, que não deixaram nenhuma obra por escrito. Seus livros espalharam-se por todo o mundo islâmico onde a *tariqah* Shâdilyia já tinha então se estabelecido: Egito, África do Norte, Espanha, Síria, Líbia, Meca e o Hijaz.

Hoje a *tariqah* Shâdilyia em seus diferentes ramos, está presente em muitos países inclusive no ocidente. Na primeira metade do século XX muitos ocidentais em busca de Deus e da verdadeira espiritualidade foram iniciados em diferentes ramos da *tariqah* Shâdilyia, principalmente pelo grande sábio e santo argelino sheikh Ahmad al-'Alâwi. Dentre eles, o grande metafísico francês René Guénon, sheikh 'Abd al-Wahid Yahyâ e o grande sábio e metafísico suíço/alemão Frithjof Schuon, sheikh 'Îsa Nour el-din Ahmad.

As obras de Ibn 'Atâ-Allah

Os Sufis, através dos tempos, produziram uma impressionante literatura metafísica e espiritual, nas mais diferentes línguas como árabe, persa, turco e sânscrito. A produção literária de Ibn 'Atâ-Allah, teve a força de registrar os ensinamentos de seus mestres, mas sendo também sínteses autorizadas da Via espiritual. Seus principais livros são:

- *Kitab al-Hikam*, **Palavras de Sabedoria**. Obra principal e mais conhecida, aqui editada e comentada por Titus Burckhardt.

- *Miftâh al-Falâh wa Misbâh al-arwah,* **A Chave da realização espiritual e Iluminação das almas**. Exposição concisa e completa do método de invocação *zhikr-llâh*, assim como aspectos do método Sufi, como o retiro espiritual, *khalwah;* os Nomes Divinos; e as regras ou virtudes, *ihsan*, para com os homens e com Deus.

- *Kitab at-Tanwîr fî Isqat at-Tadbîr*, **Sobre o abandono de si mesmo**. Obra da maturidade que expõe quais são as condições requeridas da servidão humana perante Deus, para eliminar a autodireção do ego e conquistar a realização espiritual.

- *Latâ'if al-minan fî manâqib al- sayi Abî l-'Abbâs al-Mursi wa-sayi-hi al-Sâdilî Abî l-Hasan,* **As Bênçãos sutis das santas vidas do sheikh Abbas al-Mursi e de seu sheikh Abu'l - Hasan**. Sua obra biográfica que registra o ensinamento espiritual de seus mestres sobre a Via espiritual. Com aspectos autobiográficos relata episódios da vida de vários Sufis contemporâneos de Ibn 'Atâ-Allah. Fonte importante da história da *tariqah* Shâdilyia.

- *Al-qasd al-mujârrad fî Ma'rifa al-ism al-mufrad Allah,* **O livro da aspiração exclusiva sobre o conhecimento do nome Allah**. Este tratado é o mais completo e conhecido sobre o Nome Supremo. O Nome Supremo é abordado sobre diversos aspectos tais como, metafísico, teológico, semântico, simbólico e encantatório. Estabelece a sábia doutrina metafísica da invocação do Nome Supremo *Allah*, como método da realização espiritual.

Primavera de 2010

Aluizio J.Rosa Monteiro Jr

aluiziozh@uol.com.br

GRAVURA DE CAPA:

"Caligrama de homem em oração, caligrafado por Walid al-A'zami.
O corpo do orante configura-se com a profissão de fé islâmica a sahâda; "Não existe Deus a não ser Deus, e Muhammad é o profeta de Deus."
A figura está rodeada pela bâsmala, "Em nome de Deus o Compassivo e Misericordioso" e por hadits (ditos) proféticos".

INTRODUÇÃO

O ***Hikam***, *ou "As palavras de sabedoria"*, de Ibn Atâ'Allah de Alexandria figura entre as mais célebres compilações de aforismos Sufis. Difundiu-se em quase todo o mundo islâmico a partir do Magreb, onde foi objeto de inúmeros grandes comentários, até a Indonésia, onde foi traduzido para o malaio. Sua difusão é, de certa forma, paralela à da ordem Sufi Shadiliya, que tem no ***Hikam*** o *vade mecum,* o guia e o companheiro de viagem daquele que percorre a Via contemplativa. Isso porque Ibn Atâ'Allah, nascido em meados do séc. VII/XIII e falecido no Cairo no ano de 709/1309, foi não somente o discípulo e sucessor do mestre Abu-I-Abbas al-Mursi, ele próprio discípulo do fundador dessa ordem, Abu –I-Hassan Shadili; mas foi também o primeiro mestre desta ordem Sufi a deixar uma obra doutrinal escrita, e podemos presumir que seu *Hikam* resume e fixa o ensinamento oral de seus predecessores. Abu-I-Abbas al-Mursi parece tê-lo destinado a esse papel de escritor, persuadindo-o a não abandonar seus estudos universitários para se dedicar exclusivamente ao *taçawwuf.* Por isso, Ibn Atâ'Allah foi a um só tempo um contemplativo e um erudito. Ensinou até sua morte o *fiqh* e o *taçawwuf* e foi considerado como uma autoridade em ambos os domínios, o da "ciência exterior" (*ilm az-zahir*) e o da "ciência interior" (*ilm al-batin*). Conforme esta dupla vocação, seus escritos seguem uma linha por assim dizer "ghazaliana": sua formulação das verdades Sufis não excede jamais os limites da prudência. Ao mesmo tempo, ele paira acima de todo moralismo fácil e esquemático. Não seria correto dizer que o *Hikam* contém toda a doutrina Shadiliya, ou, o que dá no mesmo, toda a doutrina Sufi; na verdade, contém sobretudo a aplicação da doutrina à vida da alma, em toda situação e a cada momento.

O *Hikam* está repleto de percepções metafísicas – sempre afins com o "testemunho" (*shahadah*) de que não há divindade fora de Deus, e sempre a nos relembrar de que nenhuma realidade poderia se situar fora da Realidade una e absoluta – mas, em seu conjunto, ele é do âmbito da psicologia espiritual. Esta evolui sem cessar em torno desse ponto extremamente sutil e precário que é o ponto de reencontro entre o criado e o incriado, o limitado e o ilimitado, o homem e Deus. Todos os paradoxos que encontramos na leitura do *Hikam* se explicam pela impossibilidade de definir de modo racional esta intersecção de duas esferas intrinsecamente incomensuráveis. De um lado, a intimidade com Deus, tal como a encara o Sufi, nos parece demasiadamente humana, pois nos esquecemos de que Deus se faz humano ao contato com o homem, como uma luz branca que se colore ao atravessar um vidro colorido. Por outro lado, a atitude do Sufi nos parece por vezes ilógica, e até desumana, como quando ele quer sentir gratidão por uma recusa Divina ou por uma aflição que Deus lhe envia. Esquecemos então que a finalidade de tal atitude não é o fato de agradecer pelo que não recebemos, mas uma abertura da alma para o puro Ser, que jamais nos abandona e do qual depende nossa própria existência.

De maneira geral, as virtudes Sufis transcendem a moral no sentido corrente do termo, assim como transcendem o nível social. São predisposições da alma para o conhecimento de Deus, e sem as quais esse conhecimento – que ultrapassa em princípio o nível da alma – permanece apenas como percepção teórica ou clarão fugidio. Entre as coisas que talvez pareçam chocantes para certos leitores está a nota de fatalismo que se acreditaria ouvir em sentenças como esta: "Desembaraça-te da direção de teus atos; daquilo de que um outro se ocupa, não te ocupes tu!" Existe aí, ao que parece, motivo para dar razão aos que censuram aos Sufis a aceitação passiva dos acontecimentos. Assinalemos de início que a fé na predestinação de todas as coisas na eternidade – fé que é solidária do *tawhid*, da atestação da Unidade divina – não impõe logicamente nem a ação nem a abstenção da ação. Se não me protejo do raio, sob o pretexto de que ele não me atingirá, a menos que ele me seja predestinado, essa escolha, e o que dela resulta eventualmente para mim, fazem parte dessa mesma predestinação. Entre a vontade divina, que decide antes do tempo, e a ação da criatura, que se desenrola no tempo, não existe comparação. O entrelaçamento das causas e dos efeitos comporta sua própria lógica; nem por isso ele escapa ao destino. Sabendo disso, o Sufismo não prescreve a inação, que, aliás, nunca poderia ser total; ele prescreve o desapego do coração diante do sucesso ou do insucesso da ação, o que é uma outra coisa.

Observemos, todavia, que o *Hikam* comporta certos traços da teologia asharita que, quanto a ela, nega toda causalidade relativa ou natural e liga cada acontecimento direta e exclusivamente à Vontade divina. Na verdade, as "causas secundárias" não poderiam entrar em conflito com a "causa primeira" que as faz existir. Mas o asharismo é uma maneira de insistir na soberania divina, e é com esta finalidade, e não em um sentido cosmológico, que certos Sufis, como Ibn Atâ'Allah utilizam por vezes seus argumentos. Mas retornemos à psicologia espiritual que representa o elemento essencial do *Hikam* – ela se resume nestas palavras do Profeta: "Aquele que conhece a si mesmo (ou "que conhece sua alma") conhece o seu Senhor" (*man arafa nafsahu faqad arafa rabbah*). Ora, esse conhecimento de si mesmo comporta necessariamente dois aspectos: de um lado, seu objeto não é outro senão o ego (*nafs*) no sentido fenomenal do termo, isto é, esse centro de consciência que diz "eu" e que normalmente se toma por um todo autônomo, ao passo que ele é apenas um reflexo entre as miríades de outros reflexos de luz sobre o oceano do mundo. Por outro lado, o objeto de conhecimento não é a alma fenomenal ou empírica, mas sua própria, essência eternamente enraizada no Ser divino. Aparentemente as sentenças do *Hikam* de Ibn Atâ'Allah se sucedem sem uma ordem lógica; nem por isso sua sequência deixa de corresponder a uma certa economia espiritual, que leva em conta as necessidades da alma de nutrir-se espiritualmente, assim como as dificuldades cada vez mais sutis que possam surgir ao longo da Via.

Os textos intitulados "Epístolas" (*rasail*) e "Conversações confiden ciais" (*munajat*) são em si independentes do *Hikam;* mas é costume incluí-los nas edições manuscritas ou impressas deste último. Esse conjunto foi objeto de certo número de comentários, dos quais mencionaremos três, que adquiriram a dimensão de clássicos e se originaram todos no Magreb. O primeiro desses comentários é de autoria do Sufi andaluz Ibn Abad de Ronda, que viveu no século XIV e exerceu por muito tempo a função de *imã* na grande mesquita Al-Qarawiyyub em Fez. Sua obra se intitula *ghaytg ak-mawahib al – aliya fi l-hikam al-Atâ iya* (impressa em 1970 no Cairo aos cuidados do Dr. Abdul- Halim Mahmud). O segundo comentário foi escrito pelo mestre Ahmad Zarruq, falecido em 899/1493. Na realidade, este autor redigiu mais de trinta comentários ao *Hikam,* dos quais retivemos aqui apenas um, com o título de *al-Futuhat ar-rahmajniyya* e conservado em manuscrito no Escorial. O terceiro comentário, por fim, foi escrito em torno de 1800 pelo Sufi marroquino Ahmed Ibn Ajiba, um contemporâneo e discípulo indireto de Mulay al-Arabi-Darqawi, fundador do ramo Darqawiya da Tariqa Sufi Shadiliya. Esse comentário traz o título – *Iqaz al-himam jfi sharhi-l-jhikam.* Foi impresso em 1381/1961 no Cairo (Matba`a Mustafa`l-Babi –l-Hlabi). É com base no texto do *Hikam* contido nesta última obra e com a ajuda do comentário de Ibn Ajiba que Abd-ar-Rahman Buret estabeleceu a sua tradução. Ele estava prestes a terminá-la quando a morte o levou em janeiro de 1960. Desde então, duas traduções do *Hikam* apareceram – uma em francês, com edição do texto árabe por Paul Nwiya - *Ibn `Atâ Allah e o Nascimento da Confraria Shadiliya.* (Nova série de pesquisas publicadas sob a direção do Instituto de Letras Orientais de Beirute, 1972), e uma em inglês, por Victor Danner – *Ibn Atâ'AIllah`s Sufi*

Aphorisms (Kitab al- Hikam) Leiden, 1973. Estimamos, todavia, que a tradução de Abd-ar-Rahman Buret, dotada de grande sensibilidade à beleza e ao espírito do texto original, nada perdeu de sua atualidade.

TITUS BURCKHARDT

"Ibrahîm 'Izz al Dîn"

Fez, dezembro de 1975

NOTA DO EDITOR FRANCÊS

No decorrer dos cinco anos (1972-1977) em que residiu em Fez na qualidade de perito, e depois, de conselheiro cultural da UNESCO e do governo marroquino, a fim de estabelecer um programa de salvaguarda da parte muçulmana da cidade e um plano diretor de urbanismo para a cidade de Fez, Titus Burckhardt recebeu das mãos do Governador da província de Fez, Sr. Omar Benchemsi, que havia desposado a filha mais velha de Hajj Abd–ar-Rahman Buret, o manuscrito datilografado das “Palavras de Sabedoria”, o *Hikam* do qual Hajj Abd–ar-Rahman havia feito uma tradução francesa. Perguntaram-lhe se ele consentiria em ler esta tradução, que estava inacabada, em completá-la e em rever o texto, se necessário, em vista de sua publicação. Para Titus Burckhardt, especialista em língua e cultura árabe e experiente tradutor de numerosos textos do Sufismo – tais como os *Fusus al-Hikam* do Sheik al-Akbar Ibn al-Arabi e as “Epístolas”, *Rasa-il,* do Sheik al-Arabi al-Darqawi, nas quais o *Hikam al-Atâ iyyah* é frequentemente citado - esse pedido só poderia ser bem recebido, ainda mais porque uma relação de fraterna amizade o ligava a Hajj Abd–ar-Rahman, a quem tinha encontrado muitas vezes na Suíça durante os anos 1940 e reencontrado no Marrocos no final dos anos 1950. Titus Burckhardt se pôs a trabalhar, portanto, com sua consciência e sua perspicácia habituais, sugerindo o acréscimo de melhorias à tradução inicial, melhorias essas que consignou em sua bela cursiva em cerca de 25 páginas de um caderno escolar. Todas as correções foram integradas ao texto e permitiram que a Srª Jamila Buret, filha mais nova de Hajj Abd-ar-Rahman, publicasse por conta própria o *Hikam* de Ibn Atâ’ Allah al-Iskandari traduzido por seu pai, com a introdução de Titus Burckhardt e o texto árabe colocado ao lado da tradução.

AL-HIKAM AL - `ATÂ' IYYAH

Traduzido do árabe para o francês por Hajj Abd -ar- Rahman Buret

CAPÍTULO I

1. Eis um indício de que se conta mais com as próprias obras: esperar menos (da Misericórdia divina) quando se dá um passo em falso.

2. Teu desejo de isolamento (*tajrid*), quando Deus te mantém em atividade, provém de um apetite oculto. Desejares te dedicar à atividade quando Deus te mantém no isolamento é te diminuíres e abandonar um alto desígnio.

3. As aspirações espirituais anteriores não atravessam as muralhas do destino.

4. Desobriga-te (no que concerne à tua subsistência) da condução de teus atos; daquilo que um Outro se ocupa por ti, não te ocupes tu.

5. O esforço que despendes para obter o que te é garantido, e tua negligência em cumprir o que te é pedido, mostram o obscurecimento de teu discernimento.

6. Que o prazo para a concessão do que tu pediste por meio de preces insistentes não te desespere; a realização de tuas preces é garantida para as coisas que Ele escolheu te conceder, e não para as que escolheste para ti mesmo; e elas te serão concedidas no momento que Ele quiser, e não no momento que tu desejas.

الحِكَمُ العَطَائيَّة

1 . مِنْ علاَمة الإعتِمادِ عَلَى العَمَل نُقصانُ الرَّجَاء عِنْدَ وُجُود الزَّلَل .

2 . إرادتُكَ التَّجْريدَ معَ إقامَة اللَّه إيَاك في الأسْبَاب مِن الشَّهْرة الخَفيَّة وإرادتُكَ الأسبَابَ مَع إقامَة الله إياك فِي التَّجْريد إنْحِطاطٌ عَن الهِمَّة العَليَّة .

3 . سَوابِقُ الهِمَمِ لاَ تَخرِقُ أسْوار الأقْدار.

4 . أرِحْ نَفسَك مِن التَّدْبير فَما قَام بِه غَيرُكَ عَنْك لا تَقُم به لِنَفسِك

5 . إجْتِهادُك فِيما ضُمِن لَك وتَقْصيرُك فيما طُلِبَ مِنك دَليل على انطِماسِ البَصيرة منك .

6 . لا يكُن تأخُّر أمَدِ العَطاءِ مع الإلْحَاح في الدُّعاء مُوجبا ليَأسِكَ فَهُو ضَمِنَ لك الإجابَة فيما يَخْتارُه لك لا فيما تَخْتارُه لنَفسِك وفي الوقتِ الذي يُريدُ لا في الوقْت الذي تُريدُ .

7. Não duvides da promessa divina pelo fato de que ela não se cumpre, mesmo que seu prazo tenha expirado, para que essa dúvida não seja a causa de uma brecha em tua perspicácia e de uma extinção da Luz situada no secreto recôndito de teu coração.

8. Se Deus te abre o acesso ao conhecimento, munido deste favor, não te inquietes com a diminuição de tuas boas obras. De fato, Deus só te deu esta abertura porque Ele quer se fazer conhecer por ti. Não sabes que esta Via em direção ao Conhecimento é um dom que Ele te concede? Quanto a tuas boas obras, são presentes que tu Lhe fazes. Qual é a conexão entre os teus presentes e o dom que Ele te concede?

9. As obras diferenciam-se de acordo com os diferentes estados de ser que se apresentam.

10. As obras são silhuetas erguidas das quais a alma é a pureza da intenção.

11. Enterra tua existência sob o solo de uma via obscura; o broto originário de uma semente que não foi enterrada não produz frutos.

12. Nada é mais proveitoso ao coração que o isolamento; por meio dele, o coração entra no domínio da meditação.

13. Como um coração poderia ser iluminado enquanto as formas das coisas existentes se refletem em seu espelho?

- ou como poderia ele empreender sua viagem em direção a Deus, se é impedido pela concupiscência?

7 . لا يُشكِّكَنَّكَ في الوعْد عدَمُ وُقوعِ المَوْعود وإنْ تعَيَّنَ زمَنهُ لئلاّ يكون ذلك قَدْحاً في بَصِيرتِك وإخْماداً لِنور سَرِيرَتك .

8 . إذا فَتَحَ لك وِجْهةً من التَّعرُّف فلا تُبالِ معها إنْ قلَّ عَمَلُك فانَّه ما فتَحَها لك إلا وَهُوَ يُريد أن يتعَرَّف إليك ألَمْ تَعْلَم ان التَّعرُّف هو مُوردُهُ عليك والأعْمال أنْت مُهْديها اليه وأيْن ما تُهْديه اليه مِمّا هو مَوْرِدُه عَليك ؟

9 . تَنوَّعَتْ أجناسُ الأعْمال لِتَنوُّعِ وَارِدات الأحْوال .

10 . الأعْمال صُوَر قائِمَة وأرْواحُها وُجودُ سِر الإخْلاص فِيها .

11 . إدْفِنْ وُجُودَك في ارض الخُمول فما نَبَت مِما لم يُدْفَن لا يَتِمُّ نِتاجُه .

12 . ما نفَعَ القَلبَ شيَءٌ مِثْلُ عُزلَةٍ يدخُلُ بها مَيْدان فِكْرَةٍ .

13 . كَيف يُشْرِقُ قَلْب صُوَرُ الأكْوانِ مُنْطبِعَة في مِرْآتِه ؟

أمْ كيف يَرْحَلُ إلى الله وَهُو مُكَبَّل بِشَهواتِه ؟

- ou como desejaria ele ardentemente adentrar a presença de Deus sem ser purificado da mancha de sua negligência?

- ou como esperaria ele compreender a sutileza dos mistérios antes de se arrepender de suas menores faltas?

14. O universo inteiro é trevas; somente o ilumina a aparição nele de Deus-Realidade. Quem olha o universo e não vê Deus-Realidade nem nele, nem perto dele, nem diante dele, nem atrás dele, está desprovido de toda luz: para esse, o sol do Conhecimento está encoberto pelas nuvens (que são, a seus olhos,) as marcas (do ato criador).

15. Uma das provas da Potência vitoriosa do Altíssimo é o fato de que ele se oculta para ti por meio daquilo em que não há ser fora Dele.

16. Como poderíamos conceber que alguma coisa O oculte se é Ele que manifesta todas as coisas?

Como poderíamos conceber que alguma coisa O oculte se Ele se manifesta por todas as coisas?

Como poderíamos conceber que alguma coisa O oculte se Ele se manifesta em todas as coisas?

Como poderíamos conceber que alguma coisa O oculte se Ele se manifesta a todas as coisas?

ام كيْف يَطْمَعُ ان يَدْخُلَ حضرْةَ الله وهُو لم يتَطَهَّر من جَنابةِ غَفلاتِه ؟

ام كيْف يَرْجُو ان يفْهَمَ دَقائِق الأسْرار وهو لم يَتُبْ مــن هَفواتِه ؟

14 . الكَوْن كلُّه ظُلْمة وإنَّمَا أنارَهُ ظُهور الحَق فيه فمن رأى الكوْن ولم يَشهَدْهُ فيه أو عِنده أو قبْلَه أو بعْده فقد أعْوَزَهُ وُجودُ الأنْوار وحُجِبتْ عنه شُموسُ المَعارِفِ بِسُحُب الآثَـــار.

15 . ممَّا يَدُلك عَلى وُجودِ قَهْرِه سُبْحانَه أنْ حَجَبَك عنه بما ليْس بِمَوْجُود مَعَـــهُ.

16 . كيف يُتَصَوَّرُ ان يَحْجُبَهُ شيءٌ وهو الذي أظْهَرَ كُل شيءٍ ؟

كيف يُتصَوَّر ان يَحْجُبَه شيْء وهو الذي ظَهَرَ بِكُل شــيْء ؟

كيف يُتَصَوَّر ان يَحْجُبَه شيءٌ وهو الذي ظَهَرَ في كُلِّ شيءٍ ؟

كيفَ يُتَصَوَّر ان يَحْجُبَه شيءٌ وهو الذي ظَهَرَ لكُل شيءٍ ؟

Como poderíamos conceber que alguma coisa O oculte se Ele é o Manifesto (*az- zahir*) antes da existência de todas as coisas?

Como poderíamos conceber que alguma coisa O oculte se Ele é mais manifesto que todas as coisas?

Como poderíamos conceber que alguma coisa O oculte se Ele é o Único, e junto a Ele não existe coisa alguma?

Como poderíamos conceber que qualquer coisa O oculte se Ele está mais próximo de ti que todas as coisas?

Como poderíamos conceber que alguma coisa O oculte se, sem Ele, não se teria manifestado a existência de coisa alguma?

Ó maravilha: como pode aparecer o Ser dentro do nada?

Ou ainda: como pode subsistir o transitório ao lado Daquele que tem por atributo a eternidade (*al -qidam,* a anterioridade absoluta)?

كيف يُتَصَوَّر ان يَحْجُبَه شيءٌ وهو الظَّاهِر قَبل وُجود كلِّ شــيءٍ ؟

كيف يُتَصَوَّر ان يَحْجُبَه شيءٌ وهُو أظْهَرُ من كلِّ شيءٍ؟ .

كيف يُتَصَوَّر ان يَحْجُبَه شيءٌ وهو الواحِدُ الذي ليس مَعَهُ شــيءٌ ؟

كيف يُتَصَوَّر ان يَحجُبهُ شيءٌ وهو أقْربُ إليك مِنْ كُـل شيءٍ؟

كيف يُتَصَوَّر ان يَحجُبهُ شيءٌ ولوْلاهُ لَمَا كَان وُجود كُل شيءٍ؟

يَا عَجَباً كيفَ يَظْهَرُ الوُجودُ في العَــدَمِ ؟

ام كيف يَثْبُتُ الحادِثُ مع من له وَصْفُ القِــدَم ؟

CAPÍTULO II

17. Perfeito ignorante é quem deseja que no instante presente ocorra algo distinto daquilo que Deus aí manifesta.

18. Deixar as boas obras para o tempo livre é um erro que vem da indolência da alma.

19. Não peças a Deus que Ele te retire de uma situação e te coloque em outra! Se Ele o quisesse, Ele o teria colocado nela sem te haver retirado da primeira situação.

20. Cada vez que a aspiração espiritual daquele que segue a Via se detém nas revelações que lhe são feitas, as vozes da realidade essencial o chamam e lhe dizem: "O que tu procuras está além". Cada vez que a beleza aparente das coisas criadas se oferece a seus olhares, a realidade essencial delas lhe grita - "Nós somos apenas seduções; portanto, não sejas ímpio!" (Corão II, 102).

21. Enviar um pedido a Deus é duvidar Dele; se tu O procuras, é porque Ele está ausente para ti; procurar um outro que não Ele é insolência ao Seu olhar, e se tu encaminhas um pedido a outro que não Ele, é a prova de que estás afastado Dele.

22. A cada alento que tu emites, Ele realiza em ti um de Seus decretos.

23. Não esperes ser aliviado de teus problemas, pois isto te impede de estar atento a Ele na situação que Ele te destinou.

17 . مَا تَركَ مِن الجَهْلِ شَيْئا منْ أرادَ ان يَحْدُث في الوَقْت غَيْرُ ما اظهَرَهُ اللَّهُ فيـــه .

18 . إِحالَتُك الأَعْمالَ عَلَى وُجود الفَراغ من رُعُونات النَّفْـــس .

19 . لَا تَطلُب مِنه ان يُخْرجَك من حالَةٍ لِيَسْتَعمِلَك فِيما سِواهَا فَلَوْ أرادَك لَاسْتَعْمَلَكَ مِنْ غَيْرِ إِخْـــرَاج .

20 . ما أرادت هِمَّة سالِكٍ ان تَقف عِنْدما كُشِفَ لَهَا الاَّ وَنَـــادَتْهُ هَوَاتِفُ الحَقيقَةِ الذي تَطْلُبُ أمامَكَ ولا تَبرَّجَت ظَـــواهِرُ المُكَوَّنات الا وَنادَتْكَ حَقَائِقُهَا «إنما نَحْنُ فِتنَةٌ فَلَا تَكْفُرْ» .

21 . طَلَبُكَ مِنه إتهامٌ لَه وطَلَبُكَ لَه غَيْبَةٌ مِنْك عَنْهُ وطَلَبُكَ لِغَيْرِهِ لِقِلَّةِ حَيائِكَ مِنه وَطَلَبُكَ مِن غَيْرِهِ لِوُجود بُعْدِك عَنه .

22 . مَا مِنْ نَفَسٍ تُبْدِيه إلا وَلَه قَدَرٌ فيك يُمْضيـــهِ .

23 . لا تَتَرَقَّب فُروغَ الأَغْيار فَإِنَّ ذَلِك يقْطَعُكَ عَنْ وُجود المُرَاقَبة لَه فِيمَا هُوَ مُقيمُك فيـــه .

24. Não te espantes com a investida das preocupações enquanto residires nesta morada (terrestre); esta só pode proporcionar o que convém à sua natureza e corresponde à sua qualidade.

25. Não haverá obstáculo à obtenção do que tu procuras em Deus: mas dificilmente obterás o que procuras por ti mesmo.

26. É um sinal anunciador do êxito nas últimas etapas entregar-se a Deus desde as primeiras.

27. Se teu início é luminoso, o fim o será igualmente.

28. Aquilo que está escondido no íntimo do coração aparece nas manifestações exteriores.

29. Que distância entre quem O toma por prova e quem procura prová-Lo! Aquele que o toma por prova conhece a realidade conforme o seu lugar: ele deduz todas as coisas a partir de sua origem. Só procura prová-Lo quem não chegou a Ele: quando, afinal, Ele desapareceu, para que seja necessário prová-Lo? Quando Ele se distanciou, para que sejam os vestígios de Sua ação que nos façam chegar a Ele?

30. "Que aquele que vive na riqueza dê conforme sua riqueza" (Corão LXV, 7): tais são os que chegaram a Ele. "E que aqueles cujos recursos são comedidos (deem conforme seus meios)" (*ibid*): tais são os que viajam em direção a Ele.

24 . لا تَسْتَغْرِبْ وُقوع الأكْدار مَا دُمْت في هَذِه الـدار فانها مَا أبرَزَت الا ما هو مُسْتَحقٌّ وَصْفِها وَواجِبُ نَعْتِها .

25 . مَا تَوَقَّفَ مَطْلَب أنْت طالِبُهُ بِرَبِّك ولا تَيَسَّرَ مَطْلَب أنْت طالِبُهُ بِنَفْسِـــك .

26 . مِنْ عَلامات النَّجْح في النِّهايات الرُّجوعُ إلى الله تَعالَى فـي البِـــدايات .

27 . مَن أشْرَقَت بِدايَتُه أشْرَقَت نِهَايَتُــــهُ .

28 . ما استُوْدِعَ في غَيْب السَّرائِرِ ظَهَرَ في شَهَادة الظَّوَاهِرِ.

29 . شَتَّانَ بينْ من يَسْتَدِلُّ به أو يَسْتَدِلُّ عليْه، المُسْتَدِلُّ به عَرَفَ الحَقَّ لِأهْلِهِ فَأثْبَتَ الامر من وُجود أصْلِه والاسْتِدْلالُ عليه من عَدَم الوُصُول اليه وإلاَّ فَمَتَى غاب حتى يُسْتَدَلَّ عليه ومتى بَعُدَ حتى تكون الآثارُ هي التي توصِلُ اليـــه .

30 . «لِيُنفِقْ ذو سَعَةٍ مِن سَعَتِه» الواصِلون اليه «وَمَنْ قُدِرَ عليْــه رِزْقُـهُ» السائِرون اليـــه .

31. Os que viajam em direção a Ele são guiados pelas luzes da Sua orientação (*tawajjuh*). Os que chegaram a Ele possuem as luzes da contemplação imediata (*muwajaha*). Os primeiros pertencem às Luzes enquanto os segundos possuem as Luzes, pois pertencem a Deus e a nenhum outro. “Dize: Deus; e deixa-os se divertirem em meio a suas fúteis ocupações.” (Corão VI, 91)

31 . إهْتَدى الراحِلُونَ اليه بِأَنوار التَّوجُّه والواصِلون لَهُم أَنْــوارُ المُوَاجَهَة فالاوَّلُون لِلأَنْوار وهؤلاء الأنْوارُ لهم لِأَنَّهُم لِلَّهِ لا لِشَيْءٍ دُونَهُ «قُلِ اللَّهُ ثُمَّ ذَرْهُمْ في خَوْضِهِم يَلْعَبُـــون» .

CAPÍTULO III

32. Observar os defeitos ocultos em ti vale mais para ti do que perscrutar os mistérios que te são velados.

33. Deus-realidade não te está velado. És tu que estás coberto por um véu que impede teu olhar de alcançá-lo. De fato, se algo pudesse velá-lo, esse véu O cobriria. Ora, se fosse possível que algo O cobrisse, seu Ser seria limitado como por uma muralha. Ora, quem cerca, vence. "E é Ele o Invencível que domina Seus servidores" (Corão VI, 18).

34. Desprende-te dos atributos de tua natureza humana (*basha-riyyah*), que se opõem à tua qualidade de servidor perfeito (*ubûdiyah*), a fim de que possas responder ao chamado de Deus-Realidade e estar próximo de Sua presença.

35. A fonte de toda desobediência, de toda negligência e de toda concupiscência é o fato de estar satisfeito consigo mesmo. A fonte de todo ato de obediência, de vigilância, de abstinência é o fato de não estar satisfeito consigo mesmo.

36. Mais vale ter por companhia um ignorante descontente consigo mesmo que um erudito satisfeito de si mesmo. O que pode ser a ciência de um erudito satisfeito consigo mesmo, e qual é a ignorância do ignorante descontente de si mesmo?

32 . تَشَوُّفُكَ الى مَا بَطَنَ فِيكَ مِن العُيُوب خَيرٌ مِن تَشَوُّفك الى ما حُجِبَ عنك مِنَ الغيُــــوب .

33 . الحَقُّ ليس بِمَحْجُوب وإنَّما المَحْجُوب انت عَن النَّظَر اليه إذْ لَو حَجَبَهُ شيْءٌ لَسَتَرَهُ ما حَجَبَهُ ولَوْ كان له سَاتِر لَكانَ لِوُجُوده حاصِرٌ وكُلُّ حَاصِرٍ لشيْء فَهُو له قاهِرٌ «وهو القاهِرُ فَــــوْقَ عِبَادِه» .

34 . أخْرُجْ مِن أوصاف بَشَرِيَّتك عن كل وَصْف مُناقِض لِعُبودِيَّتك لتَكُونَ لِنِدَاء الحَق مُجِيباً ومِنْ حَضْرَتِه قَرِيباً .

35 . أَصْلُ كُلِّ مَعْصِيَةٍ وغَفْلَة وشَهْوَة الرِّضا عن النَّفْس وأَصْلُ كُلِّ طاعَةٍ ويَقْظة وعِفَّةٍ عَدَمُ الرِّضَا مِنك عَنها .

36 ولأنْ تَصْحَبَ جاهِلاً لا يرضى عَنْ نَفْسِه خيْرٌ لك مِن ان تَصْحب عالِما يَرْضى عن نَفْسِه فَأيُّ عِلْم لِعالم يَرْضى عن نَفْسه وأيُّ جَهْل لِجاهِل لا يَرْضى عن نَفْسِه ؟

37. A irradiação do coração-inteligência (*baçîra*) te fará constatar Sua proximidade de ti: o próprio olho desta inteligência te fará constatar tua não-existência (*adam*) em face de Seu Ser, e a própria essência desta inteligência te tornará testemunha de Seu Ser. Então, tu não verás nem tua própria existência, nem tua não existência.

38. Deus era e não havia coisa alguma com Ele; e Ele é agora tal como sempre foi. (*hadith*).

37 . شُعاعُ البَصيرَة يُشهدُكَ قُرْبَه مِنك وعَينُ البصيرةِ يُشْهدُكَ عَدَمَكَ لِوُجُودِه وحَقُّ البَصيرَة يُشْهِدُكَ وُجُودَهُ لا عَدَمَكَ ولا وُجُـــودَكَ .

38 . كان اللّهُ وَلا شيَءَ مَعَهُ وَهُوَ الآنَ على مَا عَلَيْهِ كـــــان .

CAPÍTULO IV

39. Que o ímpeto de tua aspiração não vá a outro que não Ele: a esperança só se deposita no Ser generoso (*al-karîm*).

40. Não expõe a outro que não a Ele uma necessidade que Ele te enviou. Como um outro além Dele poderia retirar o que Ele te impôs? Aquele que não pode livrar-se a si mesmo (de um sofrimento), como poderia dele aliviar outrem?

41. Se tu não contas com a bondade de Deus pela simples razão de que a bondade é um de Seus atributos, reconhece-a então na maneira como Ele te trata! Acostumou-te Ele a outra coisa que não a Suas dádivas? Concedeu-te Ele outra coisa que não Suas graças?

42. O que há de mais espantoso do que ver alguém fugir do inevitável para buscar o impermanente?

"Não! não são os olhos que são cegos, mas os corações em cada peito que são cegos." (Corão XXII,46).

43. Não viajes de um mundo criado a outro, pois te assemelharias ao asno do moinho: ele anda e volta ao ponto de partida. Mas viaja, e deixa os mundos criados para seu Criador. "Certamente, está junto de teu Senhor o ponto de chegada!" (Corão LIII, 43).

44. Pensa nestas palavras do Profeta (sobre ele estejam a paz e as bênçãos!): "Quem quer que deixe seu país em busca de Deus e de Seu profeta chegará a eles.

39 . لا تتَعدَّ نيَّةُ همَّتك الى غيْره فالكريمُ لا تتخطَّاهُ الأمـــالُ .

40 . لا تَرْفَعنَّ الى غيْره حاجَةً هو موردُها عليك فكيف يرْفعُ غيْرهُ ما كان هُوَ لَهُ واضعاً من لا يسْتطيعُ أن يرْفع حاجةً عن نفْسه فكَيف يَسْتطيعُ ان يكون لها عن غيْره رافعـــا؟

41 . إن لم تُحْسن ظَنَّك به لأجْل حسن وصْفه فحسِّن ظَنَّك به لِوُجُودِ مُعامَلَته معك فهلْ عوَّدك إلا حسناً وهلْ أسْدى اليك إلا مِنَنـــاً؟

42 . العَجَبُ كُلُّ العَجب ممَّنْ يَهْرُبُ ممَّا لا انْفكاك لهُ عنه ويطْلُبُ ما لا بَقاءَ له معَه «فإنها لا تعْمى الأبْصارُ ولكن تَعْمى القُلُوبُ التِّي في الصُّدُور» .

43 . لا ترْتَحِلْ من كَوْنٍ إلى كوْن فتكون كحمار الرَّحا يسيرُ والمَكان الذي إرْتَحَلَ اليه هو الذي إرتحَل منه ولكن ارْحلْ مِنَ الأكْوان إلى المُكوِّن «وأنَّ الى رَبّك المُنْتهـــى» .

44 . وَانظُر الى قوْله صلى اللّه عَليه وسَلم «فمَن كانت هِجْرَتُه إلى اللّه ورسُوله فهجْرتُه إلى الله ورَسوله .

Quem o deixa visando uma vantagem deste baixo mundo a obterá. Quem o deixa desejando uma mulher a desposará. Seu exílio atingirá o objetivo que ele se propôs ao emigrar".

Compreende bem estas palavras do Profeta: "Seu exílio atingirá o objetivo que ele se propôs ao emigrar". Reflete sobre isto, se és inteligente e dotado de compreensão!

45. Não tomes por companhia alguém cujo estado não te estimula, e cujas palavras não te mostram a Via em direção a Deus!

46. Pode ser que sejas maligno e que a convivência com um homem mais maligno que ti te leve a comprazeres-te com o pensamento das boas ações que tu praticas.

47. Não é escasso o mérito de uma boa obra emanante de um coração que renunciou (aos bens deste mundo). Não é considerável o mérito de uma boa obra emanante de um coração que deseja ardentemente (esses bens).

48. A beleza das ações provém da beleza dos estados da alma (*hâl*), e a beleza dos estados da alma vem da confirmação nas estações (*maqâmât*) onde descem (as dádivas divinas sobre os corações).

49. Não abandones a invocação (*dhikr*) pela razão de que enquanto tua língua menciona a Deus teu coração não está presente. De fato, mais grave seria a ausência completa da menção de Deus do que sua menção sem a participação do coração.

وَمَن كانَت هِجرتُه إلى دُنيا يُصيبُها أو إمْرأة يَتزوَّجُها فَهجْرَتُه إلى ما هَاجَرَ اليه» فافْهَمْ قَوْلَه علَيْه الصَّلاَة والسَّلاَم وتَأمل هذا الأمْر إنْ كُنْت ذَا فَهْــــمٍ .

45 . لا تَصْحَب من لا يُنْهِضُك حَالُهُ ولا يَدُلُّك على اللّه مَقَالُــهُ .

46 . رُبَّما كُنْتَ مُسِيأ فَأَرَاك الإحْسَان مِنك صُحْبَتُك إلى مَنْ هُــو أسْوَأ حَالا مِنـــــك .

47 . مَا قَلَّ عَمَلٌ بَرَزَ مِن قَلبٍ زَاهِد ولا كَثُرَ عَمَل برز مِن قَلْب رَاغِــــبٍ .

48 . حُسنُ الأَعْمَال نَتَائجُ حُسن الأَحْوَال وحُسنُ الأَحْوَال من التحَقّقِ في مَقَامَاتِ الإنْـــزَال .

49 . لا تَتْرُكِ الذِّكْر لِعَدَم حُضُورك مع الله فيه لأَنَّ غَفلَتك عـن وُجُود ذِكْره أشَدُّ مِنْ غَفْلَتِكَ في وُجُودِ ذِكْره فَعَسَى أن يَرفَعَك مِن ذِكرٍ مع وُجُود غَفْلَة إلى ذِكرٍ مع وُجُود يَقْظَـــةٍ .

Quem sabe Deus te elevará desta menção desatenta à menção com concentração; depois, à menção com presença do coração; enfim, à menção com ausência de tudo que não seja o Mencionado."E isto não é nada difícil para Deus". (Corão XIV, 20).

وَمِن ذِكْر مع وُجُودِ يَقْظَة إلى ذِكْر مَعَ وُجُود حُضور ومِن ذِكْر مَعَ وُجُودِ حُضُورٍ إلى ذِكْرِ مع وُجُودِ غيبة عَمَّا سِوى المَذْكُور «وما ذَلك على اللّه بِعَزِيــــز» .

CAPÍTULO V

50. Um dos sinais da morte do coração é a ausência de tristeza depois que se negligenciou o cumprimento de um dever, e a ausência de remorso depois que se cometeu um erro.

51. Não exageres a teus olhos a gravidade de um pecado a ponto de isto te fazer duvidar da misericórdia de Deus para contigo. De fato, quem conhece o Senhor considera seu pecado como pequeno diante da generosidade de Deus.

52. Não há falta pequena diante da justiça de Deus; e não há uma grande diante de Sua graça.

53. Nenhuma boa obra tem mais chances de agradar a Deus do que a que tu esqueces e da qual fazes pouco caso.

54. Deus só te envia a inspiração (*wârid*) para que por meio dela tu avances em direção a Ele.

55. Ele te envia essa inspiração para libertar-te da mão das alteridades e liberar- -te da escravidão das coisas criadas.

56. Ele te envia a inspiração para tirar-te da prisão de teu ser em direção ao livre espaço da contemplação de Deus.

57. As Luzes são as montarias dos corações e das consciências íntimas (*asrâr*).

50 . مِن عَلاَمَات مَوْت القلْب عَدَمُ الحُزْنِ على ما فَاتَكَ مـن المُوافقَاتِ وتَركُ الندَم على مَا فَعَلْتَهُ مِن وجُود الزَّلاَّتِ .

51 . لا يَعظُم الذَّنبُ عِنْدك عَظَمَةً تَصُدُّك عن حُسْـن الظَّن بالله تَعَالَى فَإنَّ من عَرَفَ رَبَّه اسْتَصغَر في جَنْب كَرَمه ذَنبَـــهُ .

52 . لاَ صَغِيرَةَ إذا قَابَلَكَ عَدلُهُ ولا كَبِيرَةَ إذا وَاجَهَكَ فَضْلُهُ .

53 . لاَ عَمَلَ أَرْجى لِلقُلُوبِ مِن عَمَل يغيبُ عنْك شُهُودُهُ وَيُحْتَقَرُ عِندك وُجــودُه .

54 . انمـا أَوْرَدَ عليك الوارِدَ لِتكُـون به عليه وارِداً .

55 . أَوْردَ عَلَيكَ الوَارِدَ لِيَسْتَلِمَكَ من يَدِ الأَغْيار ولِيُحَرِّرَكَ من رِقِّ الآثـــــار.

56 . أَوْرَدَ عليك الوَاردَ لِيُخْرِجَكَ مِنْ سِجْنِ وُجُودِكَ إلى فَضَـــاء شُهُـــودِكَ .

57 . الأَنـوارُ مطَايا القُلُوب والأَسْـــــرَار.

58. A Luz é a hoste do coração, assim como a escuridão é a hoste da alma passional.

Quando Deus quer fazer triunfar o Seu servo, Ele envia em seu socorro a hoste das Luzes e desvia dele a torrente das trevas e das preocupações.

59. A Luz permite a revelação; à visão interior (*baçîra*) pertence o julgamento, e ao coração a decisão de avançar ou recuar.

60. Não te regozijes com uma boa obra pelo fato de ela emanar de ti; mas regozija-te com tua boa ação pelo fato de ela resultar da dádiva que Deus Te concedeu. "Dize: Com a dádiva de Deus, com Sua graça, que se regozijem (os homens): isso vale mais que tudo quanto entesouram." (Corão X, 58).

61. Às pessoas da Via (*sâ'ir*), e aos que alcançaram o Objetivo (*wâçil*), Deus ocultou a visão de suas boas ações e de seus estados espirituais (*hâl*); aos da Via, porque eles não estão certos de terem agido com uma perfeita sinceridade para com Deus; aos que alcançaram o Objetivo, porque Ele desviou seus olhares dessas obras concedendo-lhes a dádiva de O contemplar.'

58 . النور جُنْدُ القَلب كما أَنَّ الظُّلْمَة جُنْدُ النَّفْس فإذا أَراد اللَّه ان يَنصُرَ عَبْدَه أمدَّه بجنود الانوار وقطَع عنه مَدَدَ الظُّلَم والأغْيار.

59 . النور لَه الكَشْفُ والبَصيرةُ لها الحُكمُ والقَلبُ له الإقْبالُ والأَدْبَارُ.

60 . لا تُفرحْك الطاعَةُ لانها بَرَزَت منك وافْرَحْ بها لانها بَرَزَت مِن اللَّه اليك «قُلْ بِفَضْل اللَّه وبرَحمَتِه فَبِذَلِك فَلْيَفْرَحُوا هو خَيْرٌ مما يَجْمعون».

61 . قَطَعَ السائرين له والواصِلين اليه عن رُؤيَةِ أَعمالِهم وشُهود أحوَالِهم أما السائِرون فلأَنهُم لم يَتحققوا الصِّدق مع اللَّه فيها وأما الواصِلُون فلأنه غَيَّبَهُمْ بِشُهوده عنها.

CAPÍTULO VI

62. O aviltamento da alma é uma árvore cuja semente é a cobiça.

63. Nada se compara, no arrastar-te, à conjectura.

64. Tu és livre diante do que te desespera, tu és escravo daquilo que desejas.

65. Quem não se aproxima de Deus em consideração ao favor das dádivas que Ele lhe concede é arrastado em direção a Ele pela corrente das provações.

66. Quem não agradece a Deus por Suas dádivas se arrisca a ser privado delas; quem Lhe tem reconhecimento as entrava em seu proveito.

67. Se ele continua a te conceder Suas dádivas enquanto persistes em agir mal para com Ele, teme que haja aí uma redução gradual de Seus favores: "Nós lhes retiraremos gradualmente nossos favores para que eles não se apercebam disso". (Corão LXVIII. 44).

68. Se tendo violado as regras de respeito (para com Deus), o aspirante vê o castigo tardar a vir, é ignorância de sua parte dizer: "Se eu tivesse violado as regras de respeito, os favores divinos se teriam interrompido e, necessariamente, eu teria sido punido pelo afastamento de Deus". É possível que esses favores lhe estejam sendo retirados de uma maneira que escapa à sua consciência, mesmo que seja apenas pela privação de qualquer acréscimo.

62 . مَا بَسَقَت أَغْصَانُ ذُلٍّ إلا على بِذْرِ طَمَع .

63 . ما قَادَكَ شَيْءٌ مِثْلُ الوَهْم .

64 . انت حُرٌّ مما انت عنه آيِسٌ وعَبدٌ لِما انت له طَامِع .

65 . مَن لَم يُقبِل على اللّه بمُلاطفَات الإحسَان قِيدَ اليه بِسَلاسل الإمْتِحَان .

66 . مَن لَم يَشكُر النِّعَمَ فقد تَعرض لِزَوَالِها ومَن شَكَرَهَا فقَد قَيَّدَهَا بِعِقَالِهَا .

67 . خَفْ مِن وُجُود إحْسانِه إليك وَدَوَام إسَاءَتِك مَعَهُ أن يكون ذلك إستِدرَاجاً لك ، «سَنَسْتَدْرِجُهم من حَيثُ لا يَعْلَمُون» .

68 . من جهل المُرِيد أن يُسِيءَ الأَدب فَتُؤخَّرَ العُقوبَةُ عنه فَيَقُولَ لو كان هذا سُوءَ أدب لَقَطع الإمدادَ وأوجَبَ الإبعاد فَقد يُقطَعُ المَدَدُ عنه من حَيثُ لا يَشعُرُ ولو لم يَكُن إلا مَنْعُ المَزيد .

Assim, serás colocado na estação (*maqâm*) do afastamento sem que te apercebas disso, nem que seja te agradando com a satisfação de teus desejos.

69. Se tu vês um servo de Deus mantido por Ele no cumprimento regular dos exercícios espirituais (*awrâd*) e favorecido por uma ajuda divina prolongada, não menosprezes os dons que Deus lhe concedeu por não veres nele nem a marca dos gnósticos (*al-' ârifin*), nem o esplendor dos que amam a Deus (*al-muhibbîn*). Se ele não tivesse inspirações (*wârid*), não persistiria na prática dos exercícios espirituais (*wird*).

70. A alguns, Deus-Realidade os designou para Seu serviço; a outros, Ele atribuiu particularmente a função que consiste em amá-Lo. "A uns e outros, Nós ajudamos com os dons de teu Senhor; os dons de teu Senhor não são limitados". (Corão XVII, 20).

وَقَد تُقَامُ مَقَامَ البُعد مِن حَيثُ لا تَدْري ولو لم يَكُن إلا أن يُخَلِّيكَ ومَا تُريـــــد .

69 . اذا رَأَيتَ عَبداً أقَامهُ اللّه تَعَالَى بِوُجُودِ الأَوْراد وأَدامهُ عليها مع طول الإِمْدِاد فلا تَستَحقِرنَّ ما مَنَحَهُ مَوْلاه لانك لَم تَـرَ عليه سيماءَ العارِفين ولا بَهجَة المُحِبين فَلَوْلا وارِدٌ ما كان وِرْدٌ .

70 . قَوْمٌ أَقَامَهُم الحَقُّ لِخِدمَته وقَوْم إِخْتَصَّهُم بِمَحَبَّتِه، «كَلاًّ نُمِدُّ هؤلاءِ وهؤلاءِ مِن عَطَاء رَبِّكَ وما كان عَطَاءُ ربِّك مَحْظُوراً» .

CAPÍTULO VII

71. É raro que as inspirações divinas (*wârid*) se produzam de outro modo que não inesperadamente; e isto a fim de impedir aos idólatras acharem que elas são a consequência necessária de sua preparação espiritual (*isti' dâd*).

72. Se vires alguém responder a todas as perguntas que lhe fazem, expressando todas as suas experiências, mencionando tudo que aprendeu, conclui daí que nele existe uma certa dose de ignorância.

73. Se Deus designou a última morada como local onde serão recompensados Seus fiéis servos, é porque esta morada (terrestre) não é vasta o suficiente para conter o que Ele lhes quer dar. De fato, Ele tem por eles uma tal consideração que Se recusa a recompensá-los numa morada transitória.

74. Encontrar prontamente o fruto de sua ação é a prova de que esta ação é autorizada.

75. Se queres conhecer tua posição diante de Deus, vê a estação onde ele te mantém.

76. Quando Deus te concede o poder de Lhe obedecer e de pensar apenas Nele, esquecendo esta obediência, saibas que Ele então te satisfez com Suas graças aparentes e ocultas.

71 . قلَّما تَكُون الوَارِدَاتُ الإلهِية إلا بَغْتةً لئلا يَدَّعيهَا العِبَاد بِوُجود الإستِعْــــدَاد .

72 . مَن رَأيتَهُ مُجيباً عن كل ما سُئِل ومُعَبِّراً عن كل مَا شَهِدَ وذاكِراً كلَّ ما عَلِم فاسْتَدِلَّ بِذلك على وُجُودِ جَهلِــه .

73 . إنما جَعَل الدارَ الآخِرَة مَحَلاً لِجَزَاء عِبَاده المُؤمنين لأن هـذه الدار لا تَسَعُ ما يُريدُ انْ يُعطِيَهُم ولأنه أَجلَّ أقدَارَهُم عن انْ يُجازِيَهُم في دارٍ لا بَقَاءَ لَهَــا .

74 . مَن وَجَد ثَمَرَة عَمَلِه عَاجِلاً فهُو دَلِيلٌ على وُجُودِ القَبول آجِلاً .

75 . إذا أَرَدْتَ ان تعرِفَ قدرَكَ عندَهُ فانْظُر فيما ذا يُقيمُــكَ .

76 . مَتَى رَزَقَكَ الطاعَةَ والغِنَى به عنها فاعْلَم أنهُ قد أَسبَغَ عليك نِعَمَهُ ظاهِرةً وباطِنَــةً .

CAPÍTULO VIII

77. O que tu podes Lhe pedir de melhor é o que Ele pede de ti.

78. Entristecer-se por ter deixado de obedecer a uma ordem divina sem se levantar para reparar essa omissão é sinal de cegueira.

79. O "conhecedor" (*ârif*) não é aquele que, falando por alusão, acha que Deus-Realidade está mais próximo dele que suas alusões; mas o conhecedor é aquele que já não faz mais alusão em virtude de seu aniquilamento no Ser e de sua absorção na contemplação de Deus.

80. A verdadeira esperança é acompanhada de ação; senão, trata- se apenas de um desejo.

81. O conhecedor (*ârif*) pede a Deus para ser sincero em seu serviço, e para observar os direitos do Senhorio.

82. Ele te favoreceu com a expansão de teu coração para livrar-te do estado de contração; depois Ele te deu a contração para não te abandonar no estado de expansão; finalmente Ele te fez sair desses dois estados para que não pertenças a nada salvo a Ele.

83. Na expansão do coração, os conhecedores sentem um medo maior do que na contração.

77 . خَيرُ ما تطْلُبُهُ مِنه ما هو طالِبُهُ مِنــــك .

78 . الحُزنُ على فِقْدَانِ الطاعَةِ مع عَدَم النُّهوض إليْها من عَلامَات الإغتِــــرار.

79 . ما العارِفُ مَنْ إذا أشَار وَجَدَ الحقَّ أقْرَبَ اليه مِن إشَارتِه بل العارفُ مَنْ لا إشارةَ له لِفَنائِه في وُجُودِه وانْطِوائِه في شُهودِه .

80 . الرَّجاءُ ما قارَنَهُ عَمَلٌ وإلاَّ فَهُو أُمنِيَّــــــــة .

81 . مَطلبُ العارفين مِن آلله تعَالى الصِّدقُ في العُبُودِيَّةِ والقِيَــامُ بِحُقوق الرُّبُوبِيَّــــــة .

82 . بَسَطَكَ كَيْ لا يُبقيكَ مع القَبض وقَبَضَكَ كي لا يَتْرُكَكَ مع البَسْط وأخرَجَكَ عَنهُما كي لا تكونَ لِشيءٍ دُونَــــهُ .

83 . العارِفون اذا بُسِطوا أخْوَفُ مِنهُم اذا قُبضوا ولا يَقِفُ عَلــى

Raros são os que, na expansão, observam as regras da conduta correta (*adab*).

84. Na expansão do coração, a alma passional (*nafs*) toma a sua parte desfrutando da alegria; na contração, ela não tem parte alguma.

85. Muitas vezes Seu dom é privação; muitas vezes Sua privação é um dom.

86. Todas as vezes que Ele te abre a porta da compreensão quando de uma privação, essa privação te aparece na realidade como um dom.

87. O exterior das coisas criadas é ilusão sedutora; seu interior é um aviso.

A alma passional (*nafs*) olha o exterior sedutor; o coração olha o interior, pleno de ensinamento.

88. Se tu queres obter uma honra duradoura, não procures um poder efêmero.

89. A verdadeira "bilocação" (*tayy*) consiste em submeter tão bem o espaço deste mundo inferior que tu vês a vida futura mais próxima de ti que tu mesmo.

90. Dom recebido das criaturas é privação; privação imposta por Deus é uma dádiva.

حُدود الأَدَب في البَسطِ إلاّ قَليــــــل .

84 . البَسْطُ تأْخُذُ النفسُ منه حَظَّها بِوُجود الفَرَح والقَبْضُ لا حَظَّ لِلنفس فيــــه .

85 . رُبَّما أَعطاكَ فَمَنَعَك ورُبما مَنَعَكَ فأَعْطَـــاكَ .

86 . مَتى فَتَحَ لك باب الفَهْم في المَنْع عادَ المَنعُ عَينُ العَطَـــاءِ .

87 . الأَكْوانُ ظاهِرُهَا غِرَّةٌ وباطِنُهَا عِبرَةٌ فالنفسُ تَنظُرُ الى ظـــاهِر غِرَّتِها والقَلبُ يَنظُرُ إلى باطِنِ عِبرَتِهـــــا .

88 . إن أَردْتَ أن يكون لكَ عِزٌّ لا يَفْنى فلا تَستَعِزَّنَّ بِعِزٍّ يَفْنى .

89 . الطَّيُّ الحَقيقِيُّ أن تُطْوَى مَسافَةُ الدُّنيا عَنك حتى ترى الآخِرةَ أقرَبَ اليك مِنـــك .

90 . العَطاءُ مِن الخَلقِ حِرمانٌ والمَنْعُ مِن آلله إحْســـانٌ .

CAPÍTULO IX

91. Deus é demasiadamente magnânimo para recompensar Seu servo a prazo quando este O serve à vista.

92. Que te seja suficiente como recompensa de Sua parte que Ele o tenha julgado digno de Lhe obedecer.

93. Aos que praticam as boas obras são suficientes como recompensa as aberturas (*futuhat*) que Ele concede a seus corações quando eles Lhe obedecem, e os favores (*wârid*) de que Ele os cumula fazendo-os desfrutar de Sua confiante intimidade (*um'amasa*).

94. Quem serve a Deus na esperança de uma recompensa, ou pensando que seus atos de obediência afastarão dele o castigo vindo de Deus, não faz justiça a Suas qualidades.

95. Quando Ele te dá, Ele demonstra Sua bondade; quando Ele te priva, Ele demonstra Seu poder coercitivo (*qarh)*. Em tudo isto, Ele se faz conhecer por ti, e vem a ti com Sua benevolência.

96. Se a privação te faz sofrer, é porque tu não vês Deus nela.

97. Pode ser que Deus te abra a porta da obediência sem te haver aberto a de Sua aprovação, mas pode ser também que Ele determine um defeito de tua parte e que este seja a causa de tua chegada a Ele.

91 . جَلَّ رَبُّنا أن يُعامِلَهُ العَبدُ نَقْداً فَيُجَازِيَهُ نسيئَـــةً .

92 . كَفَى مِن جَزائِه إياكَ على الطاعَةِ أن رَضِيَك لها أهْـــلا .

93 . كَفى العامِلينَ جَزاءَ ما هُو فاتِحُهُ على قُلوبِهم في طاعَتِه وما هُو مورِدُه عليهِم من وُجود مُؤانَسَتِـــــه .

94 . مَن عَبدَهُ لِشيء يَرجوهُ منه او لِيدفَعَ بِطاعَتِه وُرودَ العُقوبَةِ عنه فما قامَ بِحَق اوصافِـــهِ .

95 . متى أعطاكَ أشهَدكَ بِرَّهُ ومتى مَنَعَكَ أشهَدكَ قَهرهُ فهو في كُلِّ ذَلكَ مُتعرِّفٌ إليكَ ومُقبِلٌ بِوُجود لُطفِهِ عليـــــكَ .

96 . إنَّما يُؤلِمُكَ المَنعُ لِعَدَمِ فَهمِكَ عَنِ الله فيـــهِ .

97 . رُبَّما فتحَ لكَ بابَ الطاعَةِ وما فتَحَ لكَ بابَ القَبولِ ورُبَّما قَضى عليكَ بِالذَّنبِ فكان سَبَباً في الوُصُـــولِ .

98. Um ato de desobediência que inspira a humildade e o sentimento de que se precisa (de Deus) é preferível a um ato de obediência que gera a presunção e o orgulho.

99. Duas graças estão unidas necessariamente a toda coisa criada: a graça da existência e a graça da subsistência.

100. Ele te deu de início a graça da existência, depois a de Sua assistência ininterrupta.

101. Tua indigência é essencialmente inerente a ti, e as provas que te atingem (neste mundo) nada fazem além de te lembrar o que tu esqueces, pois a indigência essencial não é abolida pelas contingências (felizes).

102. O melhor dos teus instantes é aquele em que estás consciente de tua necessidade (de Deus) e em que és levado de volta à realidade de tua humilde condição.

103. Quando Ele te inspira o afastamento das criaturas, saibas que Ele quer te abrir a porta de Sua confiante intimidade.

104. Quando Deus libera tua língua inspirando-te a que lhe rogues saibas que Ele quer te atender.

105. Ao conhecedor (*ârif*) jamais escapa o sentimento de sua extrema necessidade (de Deus); jamais ele se apega a outro que não a Deus.

98 . مَعصِيَةٌ أورثَتْ ذُلًّا وافْتِقاراً خَيرٌ من طاعَة أورثَتْ عِزّاً واستِكباراً .

99 . نِعْمتانِ ما خَرجَ مَوْجودٍ عَنهُما ولا بُدَّ لِكلِّ مُكوَّنٍ مِنهما نِعمَةُ الإيجادِ ونِعمةُ الإمدادِ .

100 . أنعمَ عليكَ أولاً بالإيجادِ وثانياً بِتَوالي الإمْدادِ .

101 . فاقَتُكَ لك ذاتِيَّة وَوُرودُ الأَسْباب مُذَكِّرات لك بِما خَفِيَ عليك مِنها والفاقَة الذاتِيَّةُ لا ترفَعُها العَوارِضُ .

102 . خيرُ أوقَاتِكَ وَقْتٌ تَشْهَد فيه وُجود فاقَتِك وتُرَدُّ فيه إلى وُجود ذِلَّتِك .

103 . مَتى أوحَشَكَ مِن خَلْقِهِ فاعْلَمْ أنه يُريدُ ان يَفتَح لك بَاب الأُنْس بِه .

104 . مَتى أطلَقَ لِسانَكَ بِالطَّلَب فاعْلَمْ أنه يُريد ان يُعْطِيَكَ .

105 . العارِفُ لا يَزول اضْطِرَارُهُ ولا يكون مع غيرِ آلله قَرارُهُ .

106. Deus esclareceu as coisas exteriores pelas luzes de suas criaturas, e Ele esclareceu as consciências íntimas (*sarâ'ir*) pelas luzes de Suas próprias qualidades. Eis por que a luz das coisas aparentes declina e desaparece, enquanto a luz dos corações e das consciências íntimas nunca declina; assim como foi dito:

"*O sol do dia desaparece à noite O sol dos corações jamais se põe*".

106 . أنارَ الظَّواهِرَ بِأنوارِ آثارِهِ وأَنارَ السَّرائرَ بِأنوارِ أوْصَافِهِ لأجل ذلك أَفَلَتْ أَنوارُ الظَّواهِرِ ولَمْ تأْفَلْ أنوارُ القُلوب والسَّرائِرِ وَلذلك قيلَ إنَّ شَمسَ النَّهار تَغرُبُ باللَّيلِ وشَمسُ القلُوب لَيَسَتْ تَغيب .

CAPÍTULO X

107. Que te alivie o sofrimento que lhe causam Suas provas o fato de saber que é Ele quem o prova! Pois Aquele que te confrontou com Seus decretos é o mesmo que te acostumou a constatar que Ele escolhe para ti o melhor.

108. Crer que Sua bondade pode ser separada de Seus decretos é ter uma visão bem limitada.

109. Não é de recear que, para ti, os Caminhos se confundam; o que é de recear, para ti, é que as paixões triunfem sobre ti.

110. Glória Àquele que ocultou o mistério da Santidade (*khuçûçiyya*) sob o exterior da natureza humana (*bashariyya*) e que manifestou Sua Magnificência Senhorial (*rubûhiyya*) fazendo surgir o estado de servidão (*ubûdiyya*).

111. Não protestes quando Deus tarda em te conceder o que tu Lhe pediste; protesta de preferência contra a tua falta de consideração para com Ele.

112. Quando Deus te torna capaz de obedecer a Sua direção em teu comportamento exterior e te abandona interiormente à Sua vontade constrangedora, Ele te concede o maior dos favores.

113. Nem todos os eleitos chegam à libertação.

107 . لِيُخَفِّفْ أَلَمَ البَلاءِ عَليك عِلْمُكَ بأنَّه سُبْحَانَهُ هو المُبْلي لك فالـذي واجَهَتْكَ منه الأقْـدارُ هو الذي عوَّدكَ حُســن الإختِيــــار .

108 . من ظنَّ إنفكاكَ لُطْفِهِ عن قَدَره فذلك لقُصورِ نظــرِهِ .

109 . لا يُخافُ عليك أن تلتَبسَ الطُّرُقُ عليك وانما يُخافُ عليك من غَلَبَة الهَوى عليـــــك .

110 . سبحان من ستر سرَّ الخُصوصيَّة بظُهور البشريَّة وظهـر بعظَمَة الرُّبُوبيَّة في إظْهار العُبُوديَّـــــة .

111 . لا تُطالب ربَّكَ بتأخُّرِ مطْلَبك ولكن طالب نفسك بتأخُّرِ أدبــــك .

112 . متى جعلك في الظاهر مُمْتثلاً لأمره ورزقك في البــاطن الإسْتسلام لقهره فقدْ أعظم المنَّة عليـــــك .

113 . لَيس كُلُّ من ثبَت تخصيصُهُ كمُل تخليصُـــــهُ .

CAPÍTULO XI

114. Não despreze o *wird* (os exercícios espirituais) tal como o homem de crassa ignorância. O influxo divino (*wârid*) ainda existirá em nossa vida futura, enquanto o *wird* cessará com nossa vida neste baixo mundo. O que mais requer nossa atenção é o que não pode ser substituído. O *wird* é Ele quem o solicita de ti, e o influxo divino, és tu quem o solicita Dele. Que diferença entre o que Ele te solicita e o que tu solicitas Dele!

115. A chegada das ajudas (divinas) é proporcional à predisposição. As Luzes divinas afluem conforme a pureza do foro interior (*sirr*).

116. O tolo considera pela manhã o que fará (durante o dia); o homem razoável pensa no que Deus fará dele.

117. Os devotos, assim como os ascetas, só se espantam com todas as coisas porque em todas as coisas estão longe de Deus; se eles O tivessem visto em todas as coisas, não se espantariam com nada.

118. Ele te ordenou que nesta morada meditasses sobre Suas criações; na outra morada, Ele revelará para ti a perfeição de Sua essência.

119. Sabendo que tu não conseguirias suportar estar totalmente separado Dele, Ele te faz contemplar Suas manifestações.

114 . لا يَستَحقِرُ الوِردَ إلاّ جَهولٌ الوارِدُ يوجَدُ في الدارِ الآخِرة والوِرْدُ يَنْطَوي بِانْطِوَاء هذه الدار وَأوْلى ما يُعْتَنى به ما لا يُخْلَفُ وُجُودُهُ الوردُ هو طالِبُهُ مِنك والوارِدُ انت تَطلُبُهُ منه واين ما هُو طالِبُهُ منك مِما هُو مَطلَبُكَ منـــه .

115 . ورُودُ الإمْداد بحَسَب الإسْتِعْداد وشُروقُ الأنوارِ علـى حَسَبِ صَفاء الأَسْـــرار.

116 . الغافِلُ إذا أصبَحَ يَنْظُرُ ماذا يَفعلُ والعاقِلُ ينظُــرُ مــاذَا يفْعلُ الله بِـــه .

117 . إنما يَسْتَوحِشُ العُبّادُ والزُهّادُ مِن كل شيء لِغَيبَتِهم عن الله في كل شيَء فَلَوْ شَهِدُوهُ في كُل شيَء لم يَسْتَوْحِشُوا من شَـــيء .

118 . أمرَكَ في هذه الدار بالنَّظَرِ في مُكونَاته وسَيَكشِفُ لك في تلك الدار عن كَمال ذاتِـــه .

119 . عَلِمَ مِنك انك لا تصْبِرُ عَنهُ فأشهَدَكَ ما بَرَزَ منـــه .

120. Sabendo que existe em ti uma tendência ao tédio, Deus diversificou as formas das práticas piedosas; conhecendo tua impetuosidade, Ele assinalou para elas horas fixas, de tal modo que seja a perfeição no cumprimento da prece ritual o que te preocupa, e não o fato de orar como tal. Nem todo praticante é alguém que ora.

121. A oração ritual (*çalâth*) purifica os corações; ela abre a porta dos mistérios.

122. A oração ritual é (em princípio) uma conversa confidencial (*munâjâh*) com Deus, uma fonte de pureza; nela se abrem os espaços das consciências interiores e raiam as luzes do dia que nasce.

123. Conhecendo a existência de tua fraqueza, Ele reduziu o número das orações rituais; e sabendo da necessidade que tens de Sua graça, Ele multiplicou seus frutos.

124. Todas as vezes que solicitas (a Deus) uma recompensa por uma boa obra, Ele te chama à sinceridade de sua realização; que baste ao autor insincero de tal obra que ela o proteja do castigo.

125. Não peças recompensa por teu ato, pois dele não és o autor; deve bastar-te como recompensa que Ele o aceite.

126. Quando Ele quer manifestar Seu favor para contigo, Ele cria em ti uma (boa obra) e a atribui a ti.

120 . لما عَلِمَ الحقُّ مِنك وُجود المَلَلِ لَوَّنَ لك الطاعات وعَلِمَ ما فيك من وُجُود الشَّرَهِ فَحَجَرَهَا عليك في بعض الأوْقَات لِيكون هَمُّكَ إقامَةَ الصَّلاةِ لا وُجودَ الصلاةِ فَما كُلُّ مُصَلٍّ مُقيم .

121 . الصَّلاةُ طُهْرَةٌ لِلقُلوب واسْتِفتَاحٌ لِباب الغُيوب .

122 . الصلاةُ مَحلُّ المُناجَاة ومَعْدِنُ المُصافاَة، تَتَّسِعُ فيها مَيادِينُ الأسرار وتُشْرِقُ فيها شَوارق الأنوارِ.

123 . عَلِمَ وُجود الضَّعفِ مِنكَ فقلَّلَ أعدَادَها وعَلِمَ احْتياجَكَ إلى فَضْلِه فكَثَّر أمدَادَهَا .

124 . مَتى طَلَبْتَ عِوَضاً على عَمَلٍ طُولِبْتَ بِوُجُود الصِّدقِ فيه ويَكْفي المُريبَ وِجدانُ السَّلامَةِ .

125 . لا تَطلُبْ عِوَضاً على عَمَلٍ لَسْتَ له فَاعِلا يَكفي مِن الجَزاء لك على العَمل ان كان له قابِلا .

126 . إذا أرَادَ ان يُظْهِر فَضْلَهُ عليكَ خَلَقَ ونَسَبَ اليك .

127. Infinito será o número de teus atos censuráveis, se Ele te abandonar a ti mesmo. Teus atos louváveis não cessarão enquanto Ele manifestar em ti Sua generosidade.

127 . لا نِهَايَةَ لِمَذَامِّكَ إنْ أرْجَعَكَ اليك ولا تَفرُغُ مَدَائِحُكَ إن أظهَرَ جُودَهُ عليـــــك .

CAPÍTULO XII

128. Agarra-te aos atributos de Seu senhorio, e sê consciente de teus atributos de servidão.

129. Deus te impede de pretender possuir qualidades (que não tens, mas) que podem pertencer a outras criaturas; permitiria Ele que tu pretendesses possuir Seus atributos, se Ele é o Senhor dos Mundos?

130. Como teus poderes usuais seriam superados, se nada mudaste em teus costumes?

131. O que importa, não é a existência da busca, só importa que te seja dado observar o perfeito respeito (para com Deus).

132. Nenhuma demanda é mais forte que a consciência de tua urgente necessidade de Deus; e nada te proporcionará mais rapidamente os favores divinos que a humildade e o sentimento de tua indigência (em relação a Deus).

133. Se pudesses chegar a Ele somente após a extinção de tuas más inclinações e o desaparecimento de tuas pretensões, jamais chegarias. Mas se Ele quiser que chegues a Ele, cobrirá tuas qualidades com as Suas, e teus atributos com os Seus, e te atrairá até Si por um favor que Ele te concederá e não por teus esforços em Sua direção.

128 . كُن بِأوصَافِ رُبُوبِيَّتِهِ مُتَعَلِّقاً وبأوصافِ عُبُودِيَّتِكَ مُتَحَقِّقاً .

129 . مَنَعَكَ أن تَدَّعِي ما لَيس لك مِما لِلمَخلوقين أَفَيُبيحُ لـك
أن تَدَّعِي وَصفَهُ وَهُوَ رَبُّ العَالَمِيـــــن .

130 . كَيف تُخرَقُ لك العَوَائِدُ وانت لم تَخْرِق مِن نفسِكَ العَوائدَ؟

131 . ما الشَّأْنُ وجُودُ الطَّلَب إنما الشَّأْنُ أن تُرزَقَ حُسنَ الأَدبِ

132 . مَا طلبَ لك شيءٌ مِثلُ الإضطِرار ولا أسرَعَ بِالمَواهِبِ اليك
مِثلُ الذِّلَّة والإفْتِقَـــار.

133 . لَوْ أَنَّكَ لا تَصِلُ اليه الا بعد فَناءِ مَساويكَ ومَحو دَعَـاوِيكَ
لم تَصِل اليه أَبَداً ولكن اذا أَرَادَ أن يُوصِلَكَ الَيه غطـى
وَصفَكَ بِوَصفِهِ ونَعتَكَ بِنعتِهِ فَوصَلَكَ اليه بما منه اليك
لا بِما مِنك اليـــه .

CAPÍTULO XIII

134. Se Ele não tivesse a benevolência de esconder tuas faltas, nenhuma de tuas ações seriam dignas de se serem acolhidas.

135. Quando tu Lhe obedeces, tens mais necessidade de Sua indulgência, do que quando tu O desobedeces.

136. A proteção divina é de duas espécies: proteção do homem contra a desobediência, e proteção do homem na desobediência.

As pessoas comuns pedem a Deus que esconda sua desobediência por medo de ver cair sua posição aos olhos das criaturas. As pessoas da elite pedem a Deus que as preserve da desobediência por temor de perder a estima do Rei-Realidade.

137. Quem quer que te honre honra em ti a benevolência Daquele que te protegeu. Teu reconhecimento é devido a esse Protetor e não a quem te honra e te louva.

138. Só é verdadeiramente teu companheiro aquele que te visita conhecendo todos os teus defeitos. Somente é assim o teu generoso Mestre. O melhor dos companheiros é aquele que te procura sem buscar proveito.

139. Se te iluminasse a Luz da certeza, verias a vida futura próxima demais para que tivesses de te transportar até lá, e tu verias as belezas deste baixo mundo esvaecerem-se no aniquilamento.

134 . لَولا جَميلُ سَتْرِهِ لم يكن عَمَلٌ أهلا لِلقَبول .

135 . أنت الى حِلْمِهِ اذا أطَعتَهُ أحـوَجُ مِنك الى حِلْمِـهِ اذا عَصَيتَـهُ .

136 . السَّتْرُ على قِسْمَين سَتْرٌ عن المَعْصِيَـة وسَتْرٌ فيها فَالعامَّـةُ يطْلبُون من آلله تعالَى السَّتْرَ فيها خِشْيَةَ سُقُوط مَرتَبَتِهم عند الخَلْق والخاصَّةُ يطلُبون من آلله السَّترَ عنها خِشيَةَ سُقوطِهم من نَظر المَلِكِ الحَـقِّ .

137 . مَن أكرَمَكَ انما أكرَمَ فيك جَميلَ سَترِه فالحَمدُ لِمنْ سَترَكَ ليس الحَمدُ لمن أكرَمَكَ وشَكَـرَكَ .

138 . ما صَحِبَكَ إلاَّ مَن صَحِبكَ وهُو بعَيبكَ عَليمٌ وليس ذلـك إلاَّ مَولاكَ الكَريمُ خيرُ من تَصحَبُ مَن يَطلُبُكَ لا لِشـيء يَعودُ منك اليـه .

139 . لَو أشرَقَت لك نُورُ اليَقين لَرَأيْتَ الآخِرةَ أقربَ اليك مِن أن تَرحَلَ اليها ولَرَأيتَ مَحاسِنَ الدُّنيا قد ظَهَرَت كَسْفَةُ الفَناء عَليهَـا .

140. Não é a existência de um ser ao lado de Deus que O oculta, pois nada existe ao lado Dele; mas é a imaginação da existência de um ser ao Seu lado.

141. Se não fosse Sua aparição nas coisas criadas, nenhuma delas seria visível.

Se suas qualidades aparecessem, as coisas que Ele cria se esvaeceriam.

142. Deus manifestou todas as coisas, pois Ele é o Interior (*al-bâtin*), e Ele abarca a existência de todas as coisas, pois ele é o Exterior (*az-zâhir*).

143. Deus permitiu que olhasses o que está nas coisas, mas não que te detivesses nessas mesmas coisas. Dize: “Contemplai o que há nos céus e na terra!”(Corão X, 101). Pelas palavras “nos céus”, Ele abriu para ti a porta da compreensão. Ele não disse: “Contemplai os céus”, o que te teria levado a constatar a existência dos corpos celestes. .

144. As coisas existem porque elas são por Ele firmadas; mas elas desaparecem pela unidade de Sua essência.

140 . ما حَجبَكَ عن آلله وُجودُ مَوجودٍ معه إذْ لا شيَء مَعهُ وَلكن حَجبكَ عنه تَوَهُّمُ موجودٍ معــــه .

141 . لَولا ظُهُورُهُ في المُكَوَّنات ما وقعَ عليها وُجود إبْصار لــو ظَهَرتْ صِفاتُه إضْمحَلَّتْ مُكَوَّناتُــه .

142 . أظهَرَ كلَّ شيء لانه الباطِنُ وطَوى وُجودَ كلِّ شيء لانه الظــــاهِرُ.

143 . أباحَ لك ان تَنظُر ما في المُكوَّنات وما أذِن لك ان تقِفَ مع ذَواتِ المُكوَّنات «قُلْ انظُروا ماذا في السَّموات» فَبقَوْلِـهِ «انظُروا مَاذا في السَّمواتِ» فَتَحَ لك باب الأفهام ولم يَقُلْ «انظُروا السَّموات» لِئلاَّ يدُلَّك على وُجُــــودِ الأجــرَام .

144 . الأَكوانُ ثابِتَةٌ بِإِثباتِه ومَمحُوَّةٌ بأَحَديَّة ذاتِــه .

CAPÍTULO XIV

145. As pessoas louvarão as qualidades que supõem que existem em ti; mas tu, censura-te os defeitos dos quais sabes ser possuidor.

146. O crente, quando o louvamos, fica confuso perante Deus de ser louvado por uma qualidade que ele constata que não possui.

147. Não há pior ignorante que o que abandona a certeza que tem de seus defeitos para admitir a existência das qualidades que as pessoas lhe atribuem.

148. Quando te louvam e não o mereces, louva a Deus pelo que cabe a Ele.

149. Os renunciantes (*zâhidun*) quando louvados ficam com os corações apertados, pois constatam que este elogio emana das criaturas. Os conhecedores (*ârifun*) quando louvados se alegram, pois veem que este elogio vem do Rei-Realidade.

150. Se todas as vezes que tu recebes, teu coração se dilata, e que, quando tu experimentas uma recusa, ele se contrai, vê aí a prova de tua imaturidade e de tua falta de sinceridade em teu serviço para com Deus.

145 . الناس يَمدَحُونَكَ لِما يظُنُّونه فيك فكُن انت ذاماً لنَفسِك لما تعلَمُه منهـــا .

146 . المُؤمِنُ اذا مُدِحَ استَحْيا من آلله تَعالَى أن يُثنى عليه بوَصْفٍ لا يشْهَدُه من نَفسِـــه .

147 . أجهَلُ الناس مَن تَرَكَ يَقينَ ما عنده لظَنِّ ما عند النـاس .

148 . اذا أَطلقَ الثَّناءَ عليكَ ولَستَ بِأهلٍ فَاْثنِ عليه بما هـو أهلُــــهُ .

149 . الزُهَّادُ اذا مُدِحوا انقَبَضوا لِشُهودهم الثَّناءَ من الخَلْـقِ والعارِفُون اذا مُدِحوا انبَسَطُوا لشُهودِهم ذلك مِن المَلِكِ الحَـــق .

150 . مَتى كُنتَ اذا أُعطِيتَ بَسطَكَ العطَاءُ واذا مُنعتَ قَبضَكَ المَنعُ فاسْتدِلَّ بذلك على ثُبوتِ طُفُوليَّتِك وعدم صدقِـك في عُبودِيَّتِــــك .

CAPÍTULO XV

151. Se cometeres um pecado, que isso não te faça desesperar de alcançar a retidão em teu comportamento com Deus: é possível que esse pecado seja o último que te impôs o destino.

152. Se queres que se abra perante ti a porta da esperança, vê as bondades de que Ele te cobre;

Se queres que se abra diante de ti a porta do temor, vê o que tu Lhe deves!

153. É possível que tu tires mais proveito da noite da contração, que da chegada do dia da expansão. "Vós não sabeis qual deles é para vós mais proveitoso" (Corão IV, 12)

154. Os "orientes" (*matâli*) das Luzes são os corações e o foro íntimo das consciências.

156. Uma luz é depositada nos corações, e é alimentada pela luz que emana dos Tesouros dos Mistérios.

156. Existe uma Luz pela qual Ele te revela os vestígios de Sua ação; e uma Luz pela qual Ele te revela Suas qualidades.

157. Por vezes os corações se paralisam (pelo deleite) das Luzes, assim como as almas passionais são obscurecidas pela opacidade das coisas exteriores.

151 . اذا وَقَعَ مِنك ذَنبٌ فلا يكُن سَبَباً لِيأسك من حُصــول الإستِقامَة مع رَبك فقدْ يكون ذلك آخِرَ ذَنبٍ قُدِّرَ عليك .

152 . اذا أَرَدْتَ ان يُفتَحَ لك بَابُ الرَّجاءِ فاشْهَدْ ما منه اليك واذا أردْتَ ان يُفتَحَ لك بَابُ الخَوف فاشْهَد ما مِنك اليه .

153 . رُبما أفادَكَ في لَيل القَبْض ما لم تَستفِدْهُ في إشراق نَهــار البَسطِ «لا تَدْرُونَ أيُّهُم أقرَبُ لكم نَفعــاً» .

154 . مَطالِعُ الأنوار القُلوبُ والأسْــرار.

155 . نورٌ مُسْتَودَعٌ في القُلوب مَدَدهُ مِن النَور الوارِد من خَـزائِن الغُيــوب .

156 . نورٌ يَكشِفُ لك بِه عن آثارِه ونُور يَكشِفُ لك به عَــن أوصافِــــه .

157 . رُبما وَقفتِ القُلوبُ مع الأنوار كما حُجِبَتِ النُفوسُ بِكَثائِف

158. Deus escondeu as Luzes do âmago dos corações sob o denso véu das aparências, a fim de impedir que sua aparição comprometa seu esplendor, e para que não sejam vulgarizadas.

الأَغـيَـــــار.

158 . سَتَرَ أنوارَ السرائِرِ بِكَثائِفِ الظَّواهِرِ إجْلَالاً لها أن تُبتَذلَ بوُجود الإظْهار وأن يُنادى عليها بِلِسَان الإشتِهَار.

CAPÍTULO XVI

159. Glória Àquele que só guia (certos aspirantes) em direção a Seus amigos (*awliyâ*) porque estes são os guias em direção a Ele; e que só faz chegar a eles quem Ele quer que chegue a Si.

160. Pode ser que Deus te mostre os mistérios de Seu Reino celeste (*malakût*) e que Ele não te permita ver os segredos dos homens.

161. Quem quer que percebesse os segredos dos homens sem que sua alma estivesse conformada à Misericórdia divina, essa percepção seria para ele uma tentação (*fitna*) e poderia lhe provocar graves prejuízos.

162. A parte de prazer que tem a alma passional (*nafs*) na desobediência é exterior, aparente; o prazer que ela encontra nos atos de obediência é interior, oculto. Ora, cuidar de um mal oculto é uma cura difícil.

163. É possível que a ostentação penetre até lá onde ninguém te vê.

164. Se tu aspiras que se conheçam os favores íntimos (que recebeste de Deus), essa é a prova de que tu O serves sem sinceridade.

165. Esquiva-te dos olhares das criaturas para buscar o olhar de Deus-Realidade. Desvia teu olhar quando elas veem a ti ao vê-Lo vir a ti.

159 . سُبحان من لم يَجعَل الدَّليل على أولِيائهِ إلاَّ مِن حيثُ الدَّليلُ عليه وَلَمْ يُوصِل إليهِم إلاَّ مَن أراد أن يُوصِلَه اليــه .

160 . رُبما أطلَعَكَ على غَيبِ مَلَكُوته وحَجَبَ عنك الإسْتِشراف على أسرار العِبـــاد .

161 . مَن اطَّلَعَ على أسرار العِباد ولم يَتخلَّقْ بالرَّحمَةِ الإلهِية كـان اطِّلاعُهُ فِتنَةً عليه وسَببا لجَرِّ الوَبال اليـــه .

162 . حَظُّ النفس في المَعصِيَّة ظاهِرٌ جَلِيٌّ وحَظُّها في الطاعات باطِنٌ خَفِيّ ومُداواةُ ما يَخفى صَعبٌ عِلاجُـــه .

163 . رُبما دَخلَ الرِياءُ عليك مِن حيثُ لا ينظُرُ الخَلقُ اليـك .

164 . إستِشرفُكَ أن يَعلَمَ الخَلقُ بِخُصوصِيّتك دَليلٌ على عَدَمِ صِدقِكَ في عُبُودِيَّتِـــكَ .

165 . غَيِّبْ نَظرَ الخَلْق اليك بِنَظَرِ آلله اليك وغِبْ عن إقْبالِهِـم

166. Quem conhece a Deus-Realidade O vê em todas as coisas. Quem Nele se dissipou está ausente de todas as coisas. Quem O ama, nada prefere a não ser Ele.

167. O que te oculta de Deus-Realidade é apenas Sua extrema proximidade de ti.

168. É somente o deslumbramento causado por Sua aparição que O oculta a teus olhos; se Ele se furta aos olhares é por causa da intensidade de Sua luz.

عليك بِشُهود إقْبالِه عَليـــــك .

166 . مَن عَرَفَ الحقَّ شَهدَهُ في كل شـيء ومن فَنِيَ به غاب عن كل شيء ومن أحبَّه لم يُؤثِرْ عليه شيئا .

167 . إنما حَجَبَ الحقَّ عنك شِدَّةُ قُرْبه منـــــك .

168 . إنما احتَجبَ لِشِدة ظُهوره وخَفيَ عن الأبصار لِعِظَـــــم نـــــورِه .

CAPÍTULO XVII

169. Não consideres a oração como aquilo que deve ser a causa da dádiva que Ele te dará, pois isso diminuiria tua compreensão em relação a Ele. Que tua oração tenha por objetivo manifestar tua qualidade de servidor e observar os deveres devidos ao Senhorio!

170. Como tua oração, que é posterior, seria ela a causa de uma dádiva decidida anteriormente?

171. A decisão que é tomada na anterioridade absoluta (*azal*) poderia estar sujeita a causas?

172. Ele te concede Sua solicitude, não por causa de um gesto proveniente de ti... Onde estavas quando Sua solicitude ficou diante de ti e Sua benevolência te envolveu?

Em Sua anterioridade absoluta (*azal*) não existem nem atos sinceros nem estados espirituais; só existem pura Generosidade e Graça inefável.

173. Deus sabe que os homens, seus servidores, aspiram a ver se manifestar o mistério de Sua Providencia; por isso Ele te diz: "Ele concede em particular Sua Misericórdia a quem Ele quer" (Corão II, 105). Mas sabendo que se Ele deixasse os homens com isso eles negligenciariam as boas obras e confiariam no destino estabelecido na anterioridade absoluta, Ele acrescentou: "A misericórdia de Deus esta próxima dos benfeitores" (Corão VII, 54).

169 . لَا يكنْ طلَبُك تَسبُباً الى العَطاء منه فَيقِلَّ فَهمُكَ عنه ولْيكُن طَلَبُك لإظْهار العُبودِيَّة وَقِياماً بِحُقوق الرُّبُوبِيَّة .

170 . كيف يكون طَلَبُكَ اللاَّحِقُ سَبَباً في عَطائِه السابِق؟

171 . جَلَّ حُكمُ الأَزَلِ أَن يَنضافَ إلى العِلَل .

172 . عِنايتُهُ فيك لا لشيءٍ منك واين كُنتَ حِين واجهَتْكَ عنايتُهُ وقابَلَتْكَ رِعايتُهُ ؟ لم يكُن في أزَله إخلاصُ أعمالٍ ولا وُجودُ أحوالٍ بَل لم يكُنْ هُناك إلاَّ مَحْضُ الإفْضال وعَظيمُ النَّوال

173 . عَلِمَ أن العِباد يَتشوَّقون إلى ظُهورِ سِر العِنَاية فقال «يَختَصُّ برَحمَتِه مَن يَشاءُ» وعَلِمَ أنهُ لو خَلاَّهُم وذلك لَتَركوا العَمَل اعْتِمادا على الأَزَل فقال «إن رحمَةَ الله قَريبٌ من المُحسنين» .

174. Em Sua vontade baseiam-se todas as coisas; e Sua vontade não se baseia em nada.

174 . إلى المَشيئَة يَستَنِدُ كلُّ شيء ولا تَستَنِدُ هِيَ إلى شَـــيءٍ.

CAPÍTULO XVIII

175. Os adoradores podem ter sido conduzidos pela prática do respeito (*adab*) a abandonar toda demanda, baseando-se no fato de que seu quinhão está predestinado, e também estar ocupados demais com Sua invocação (*dhikr*) para pedir!

176. Só se rememora aquele que pode estar sujeito ao esquecimento; só se chama à ordem aquele que é capaz de negligência.

177. Cada chegada da privação é uma festa para o aspirante.

178. É possível que encontres na privação um crescimento (de pureza e de luz) que não encontrarias no jejum e nas orações.

179. A privação é o tapete das graças.

180. Se tu queres que te sejam concedidas as graças, realiza em ti o estado de necessidade e indigência: "as esmolas são apenas para os necessitados." (Corão IX, 60).

181. Perceba quais são tuas qualidades, Ele te socorrerá com as Suas; sê consciente de tua humilde condição, Ele te ajudará com Sua Potência; sê consciente de tua impotência, Ele te socorrerá com Seu Poder (*qudra*); sê consciente de tua fraqueza, Ele te assistirá com Sua Força (*hawl*) e com Seu Vigor (*quwwa*).

175 . رُبما دلَّهُمُ الأَدَبُ على تَركِ الطَّلَب اعْتِماداً على قِسمَتِـه واشتِغالا بذِكْره عن مَسْئلَتـــــه .

176 . إنما يُذَكَّرُ مَن يَجوزُ عليه الإغْفالُ وانما يُنَبَّهُ من يُمكِنُ منـه الإهمـــالُ .

177 . وُرود الفاقات أعيادُ المُريديـــــنَ .

178 . رُبما وَجدْتَ من المَزيد في الفاقات ما لا تَجِدُه في الصَّوم والصَّـــلاة .

179 . الفاقاتُ بُسُطُ المَـــواهِب .

180 . إن أردْتَ ورُودَ المَواهِب عليك صَحِّح الفَقْر والفاقَةَ لَدَيْكَ «إنما الصَّدقاتُ لِلفُقَـــراء» .

181 . تَحقَّقْ بأوْصافِك يُمِدُّكَ بأوصافِه تَحقَّقْ بذُلِّك يُمِدك بعِزِّه تَحقَّق بعَجْزِك يُمِدكَ بقُدْرَتِه تَحَقَّقْ بِضَعفِكَ يُمِدكَ بِحَوْلِـه وقُوَّتِـــــه .

CAPÍTULO XIX

182. Talvez seja favorecido pelo dom dos milagres alguém cuja conduta não é perfeita.

183. É sinal de que Deus-Realidade colocou-te em tal estado, Se Ele te mantém nele durante longo tempo é se dele tiras vantagens espirituais.

184. Quem fala sentado sobre o tapete de suas boas ações é obrigado a calar-se quando comete um erro; mas quem fala, sentado sobre o tapete das dádivas de Deus para com ele, não se cala quando erra.

185. A iluminação dos sábios precede suas palavras; todas as vezes que se produz a iluminação chega a expressão.

186. Toda palavra proferida leva o hábito do coração de onde emanou.

187. Aquele que foi autorizado a falar encanta com suas palavras os ouvidos das criaturas, e suas sutis alusões tornam-se perceptíveis para elas.

188. Pode ser que tu exponhas as Realidades e que suas luzes sejam eclipsadas, se não tiveres recebido a autorização de manifestá-las.

189. Sua expressão é o efeito seja de um trasbordamento de êxtase, seja do desígnio de guiar um aspirante. O primeiro caso é o das pessoas que caminham na Via (*salikûn*), o segundo é o dos Mestres consolidados que realizaram a Verdade.

182 . رُبما رُزِقَ الكَرامةَ مَنْ لم تَكْمَل له الإستِقامَة .

183 . مِن عَلامَات إقامَة الحقِّ لك في الشيء إقامتُه إياك فيه مـع حصول النَّتائِــج .

184 . مَن عَبَّرَ مِن بِسَاط إحْسَانِه أَصْمَتَتْهُ الإساءة ومَن عبَّر مـن بِساط إحسان آلله اليه لم يَصْمُت اذا أسَــاءَ .

185 . تَسبِقُ أنوارُ الحُكَماء أقْوالَهُم فحيثُ صار التَّنويرُ وصَــلَ التَّعْبيــر .

186 . كُلُّ كَلامٍ يَبرُزُ وعليه كِسوَةُ القَلب الذي مِنه بَـــرَزَ .

187 . مَن أُذِنَ له في التَّعبير فُهِمَتْ في مَسامع الخَلق عِبــارتُه وجُلِيَّتْ اليهم إشارتُــه .

188 . رُبما بَرَزَتْ الحَقَائِقُ مَكشوفَةَ الأنْوار اذا لم يُؤذَن لك فيها بالإظْهـــار .

189 . عِباراتُهُم إمَّا لِفَيَضَان وَجْدٍ او لِقَصدِ هِدايَةِ مُريدٍ فالأوّلُ حالُ السالِكين والثّاني حالُ أربابِ المَكِنَة والمُحَقِّقيــن .

190. Suas palavras são um alimento para os corações dos ouvintes que delas necessitam; não te dizem respeito senão aquelas que podes assimilar.

191. Pode ser que fale de uma estação (*maqâm*) alguém que a vislumbrou. Pode ser que fale sobre ela quem a ela chegou. Só sabe distinguir uma da outra quem possui a inteligência do coração (*çâhib el-baçîra*).

192. Não convém, a quem caminha na Via (*sâlik*), falar das graças que lhe são prodigalizadas (*wâridat*); isso diminuiria a influência delas em seu coração e se oporia a que ele fosse sincero com seu Senhor no momento em que é favorecido.

193. Não estendas a mão para receber (os dons) das criaturas, a menos que vejas que aquele que dá por suas mãos é o teu Senhor. Se assim o é, recebe o que está em conformidade com as regras da lei.

194. Pode ser que o conhecedor se abstenha de expor sua necessidade a seu Senhor por aceitação da Vontade divina. Como então ele não se absteria de expô-la às criaturas?

190 . العِبارات قوتٌ لعائلاتِ المُستَمِعين ولَيسَ لك إلاّ ما انت له آكِـــل .

191 . رُبما عَبَّرَ عن المَقام مَن إستَشْرف عليه ورُبما عَبَّر عنه مَــن وَصَلَ اليه وذلك مُلْتَبِسٌ إلاّ على صاحِب بَصيـرَة .

192 . لا يَنْبَغي لِلسّالِك ان يُعَبِّر عن وارِدَاتِه فإنَّ ذلك يُقِلُّ عَمَلَها في قَلبِه ويَمنَعُهُ وُجُود الصِّدقِ مع رَبِّــه .

193 . لا تَمُدَّنَّ يَدَكَ الى الأَخْذِ من الخَلائِق إلاّ أن ترى أن المُعطِي فيهِم مَوْلاك فإذا كُنتَ كذلِكَ فَخُذْ ما وافقَكَ العلـــمُ .

194 . رُبما إستَحيا العارِفُ أن يرفَعَ حاجَتَهُ الى مَوْلاه لاِكتِفائِـه بمَشيئَتِه فكَيف لا يَستَحْيِي أن يرفَعها إلى خليقَتِــه .

CAPÍTULO XX

195. Se hesitas entre duas coisas, escolhe a mais desagradável para tua alma passional, e segue-a; de fato, não lhe desagrada senão o que é justo.

196. É um sinal de que seguimos nossos caprichos começar a cumprir atos piedosos além da obrigação e experimentar o tédio ao executar os atos obrigatórios.

197. Deus fixou as horas para os atos de obediência, a fim de que não sejas privado deles pela tentação de adiá-los; mas para cada um, Ele largamente calculou o prazo, a fim de que tenhas a possibilidade da livre escolha.

198. Ele conhece a pouca diligência dos homens (*ibâd*) em servi-Lo; por isso, Ele lhes impôs atos de obediência e assim os conduziu a Si, presos aos grilhões das obrigações. “Teu Senhor se espanta que as pessoas sejam levadas ao paraíso por correntes”. (*hadîth*)

199. Ele te obriga a servi-Lo por certos atos. Mas, na verdade, Ele te obriga apenas a entrar em Seu paraíso.

200. Quem se espanta de que Deus possa livrá-lo de sua paixão e tirá-lo de seu estado de negligência, macularia de fraqueza a Potência divina, pois “Deus é sobre todas as coisas Onipotente” (Corão XVIII,45)

195 . إذا الْتَبَسَ عَليك أَمْرانِ فانْظُر أَثقَلَهُمَا على النفس فاتَّبِعـهُ فإنه لا يَثْقُلُ عليها إلاَّ ما كان حَقـــاً .

196 . مِنْ عَلامَات اتِّباع الهوى المُسارعَةُ الى نَوافِل الخَيْـرات والتَّكَاسُلُ عن القِيَامِ بِالواجِبَـــات .

197 . قَيِّدَ الطاعاتِ بِأَعْيانِ الأَوْقات كَيْ لا يَمنَعَكَ عنها وُجـودُ التَّسويف ووَسَّــعَ عليك الوَقتَ كي تَبقى لك حِـصَّةُ الإختِيـــار .

198 . عَلِمَ قِلَّةَ نُهوضِ العِباد الى مُعاملَتِه فأَوجَبَ عَليهم وُجودَ طاعَتِه فَساقَهُم اليها بسَلاسِل الإيجاب «عَجِبَ ربُّكَ مِن قَوْمٍ يُساقون الى الجنَّة بالسَّلاسِـــل» .

199 . أوجَبَ عليكَ وُجودَ خِدمَتِه وما أوجَبَ عليك إلاَّ دُخولَ جَنَّتِـــه .

200 . مَن اسْتَغْرَبَ أَن يُنقِذَهُ آلله مِن شهْوَتِه وان يُخرجَه مِن وُجود غَفلَتِه فقد اسْتَعْجَزَ القُدرَةَ الإلهية «وكان آلله على كـــل شيء مُقتَـــدِراً» .

201. Pode ser que Deus te mergulhe nas trevas. Assim Ele te fará conhecer a importância das graças luminosas com as quais Ele te favoreceu anteriormente.

202. Quem não reconhece a importância das dádivas no momento em que desfruta delas, compreendê-la-á quando delas for privado.

203. Que a chegada das graças não te cause estupefação a ponto de negligenciares tua dívida de reconhecimento para com Ele. Essa negligência rebaixaria tua posição.

204. Se a doçura da paixão apodera-se do coração, a cura torna-se muito difícil.

205. Só um medo insistente ou um desejo que não se apazigua jamais pode expulsar do coração o apetite sensual.

206. Assim como Ele não ama a obra dividida, Ele não ama o coração que associa outra coisa a Deus. A obra interesseira não é aceita por Ele, e do coração associador Ele não se aproxima.

201 . رُبما وَرَدَتِ الظُّلَمُ عليك لِيُعرِّفَكَ قَدْرَ ما مَنَّ بِهِ عليك .

202 . مَنْ لم يَعْرِف قَدْرَ النِّعَمِ بِوُجدانِها عَرفَها بِوُجود فِقْدانِهـــا .

203 . لا تُدْهِشْكَ واردات النِّعَمِ عن القِيام بحُقوق شُكرِكَ فإنَّ ذلك مِما يَحُطُّ من وُجود قَـــدرِك .

204 . تَمَكُّنُ حَلاَوَةِ الهَوَى من القَلب هُو الداءُ العُضـــال .

205 . لا يُخرِجُ الشَّهوَةَ من القَلب إلاَّ خَوْفٌ مُزْعِج او شَوْق مُقْلِق .

206 . كَما لا يُحبُّ العَمَلَ المُشْتَرَكَ كذلك لا يُحِبُّ القَلبَ المُشتَرك العَمَلُ المُشتَرَك لا يَقبَلُهُ والقلبُ المُشتَرك لا يُقْبِلُ عليـه .

CAPÍTULO XXI

207. Luzes foram autorizadas a chegar ao coração; outras luzes foram autorizadas a penetrá-lo.

208. Frequentemente as luzes chegaram a ti, mas por encontrarem teu coração repleto das imagens das criaturas, retornaram para o lugar de onde vieram.

209. Esvazia teu coração de tudo que não é Deus, ele se preencherá de conhecimento e mistérios.

210. Não atribui a Deus o atraso na outorga de Seus dons; mas reconhece o teu próprio atraso em te voltares para Ele.

211. Certos deveres prescritos com tempo fixo podem ser realizados mais tarde; os deveres de cada momento, entretanto, não podem ser adiados. Cada momento que chega contém para ti um novo dever em relação a Deus e uma urgente ocupação; ora, como poderias tu, em tal momento, realizar o dever de um outro momento, se não satisfazes nem mesmo o direito divino que é o dele?

212. O tempo transcorrido de tua vida é insubstituível e aquele do qual desfrutaste (realizando atos piedosos) não tem preço.

213. Tu não amas uma coisa sem ser seu escravo, ora Ele não quer que sejas o escravo de outro que não Ele.

207 . أنوارٌ أُذِنَ لها في الوصُول وأنّوار أُذِنَ لها في الدُّخــول .

208 . رُبما وَرَدَتْ عليك الأنوارُ فَوَجَدَت القَلبَ مَحشُواً بِصُــوَر الآثار فارتَحَلَتْ من حيثُ نَزَلَتْ .

209 . فَرِّغْ قَلبكَ من الأغيار يَملأهُ بالمَعارِف والأســرار .

210 . لاَ تستَبطِيءْ منه النَّوال ولكن إستَبطِئْ مِن نَفسِك وُجودَ الإقبـــال .

211 . حُقوقٌ في الأوقات يُمكِن قَضاؤها وَحُقُوقُ الأوقات لاَ يُمْكِن قَضَاؤها إذْ ما مِن وَقْتٍ يَردُ إلاّ ولله عليكَ فيه حَقٌّ جَديد وأمر أكيد فكيفَ تَقضِي فيه حَقَّ غَيرِه وأنتَ لم تَقْض حَقَّ آلله فيـــه ؟

212 . ما فاتَ مِن عُمرِكَ لا عِوَضَ له وما حَصَلَ لك منه لا قِيمَةَ لـــه .

213 . ما أَحبَبتَ شيئاً إلا كُنتَ له عَبداً وهو لا يُحبُّ ان تَكــون لِغَيرِه عَبـــداً .

214. Nem tua obediência Lhe é proveitosa, nem tua desobediência Lhe causa dano. Ele te ordena este ato e te proíbe aquele unicamente em teu interesse.

215. Não aumenta Sua glória o fato de que alguém venha a Ele; nem a diminui o fato de que alguém se afaste Dele.

214 . لا تَنفعُه طاعَتُكَ ولا تَضُرُّه مَعصِيَتُك وانما أَمَرَكَ بهذه ونَهَاكَ عن هذه لِما يَعود عليـــــك .

215 . لا يَزيدُ في عِزِّهِ إقْبالُ مَن أَقْبَلَ عَليه ولا يَنقُصُ مِن عِزِّه إدبارُ مَن أدبَرَ عنـــــه .

CAPÍTULO XXII

216. Para ti, chegar a Deus é chegar a conhecê-Lo; Deus é elevado demais para que o que quer que seja se junte a Ele, ou para que Ele se junte ao que quer que seja.

217. Para ti, estar perto Dele é ver Sua proximidade; que relação existe entre ti e a existência de Sua proximidade?

218. No estado de "desvelamento" (*tajalli*), as realidades espirituais se manifestam indistintamente; sua elucidação só se realiza após o estado de concentração; "Quando Nós te ditamos o Livro, segue seu texto. Cabe a Nós, em seguida, explicitar seu sentido" (Corão LXXV, 18-19).

219. Quando chegam a ti as inspirações divinas (*wâridât*), elas destroem teus hábitos.

"Certamente, quando os reis invadem uma cidade eles a corrompem" (Corão XXVII, 34).

220. A inspiração (*wârid*) vem da invencível Presença. Assim, tudo que a ela se opõe é por ela estilhaçado: "Mas lançamos a Verdade contra o erro; ela o invalida, e ei-lo aniquilado." (Corão, XXI, 18).

221. Como Deus-Realidade seria ocultado por uma coisa se nessa coisa que O ocultaria Ele é aparente, existente, presente?

216 . وُصولُك إلى آلله وُصولُك إلى العِلمِ به وإلاَّ فَجَلَّ رَبُّنا أن يَتَّصِلَ به شَيءٌ أو يَتَّصِلَ هو بِشَـــيء .

217 . قُرْبُكَ منه أن تكون مشاهِدا لِقُربه والا فَمِنْ أَيْنَ أنــت وَوُجودُ قُربِـــه ؟

218 . الحَقائِقُ تَرِدُ في حالِ التَّجلي مُجمَلَة وبَعْدَ الوَعْي يكونُ البَيَان «فَإذا قَرَأْنَاهُ فاتَّبِعْ قُرآنَهُ ثُمَّ إنَّ علَينا بَيانُـــه» .

219 . مَتى وَرِدَت الواردات الإلهية إليكَ هَدَمَت العَوائِدَ عليك «إنَّ المُلوكَ إذَا دَخَلُوا قَريَةً أفْسَدُوهَــــا» .

220 . الوَارِدُ يأْتِي مِن حَضْرَة قَهَّارٍ لأجلِ ذلك لا يُصادِمُه شيءٌ إلاَّ دَمَغَهُ «بل نَقْذِفُ بِالحقِّ على الباطِلِ فيَدمَغُهُ فاذا هُـوَ زاهِــقٌ» .

221 . كَيف يَحتَجِبُ الحَقُّ بِشَيءٍ والَّذي يَحتَجِبُ به هو فيه ظاهِرٌ ومَوْجُودٌ حــاضِر .

222. Não te desesperes de ver aceito um ato no qual tu não provas Sua Presença. Pode ser que Ele aceite um ato enquanto tu não alcanças prontamente seu fruto.

223. Não consideres como válida uma inspiração (*warid)* cujo fruto tu ignoras; o que desejamos da nuvem, não é a chuva, mas somente os frutos que resultarão dela.

224. Não procures a persistência das inspirações depois de elas terem derramado sobre ti suas luzes e posto em ti seus mistérios. Para ti, Deus deve fazer as vezes de todas as coisas, e nada, para ti, pode substituir a Ele.

225. Teu desejo de ver continuar alguma coisa que não Ele é a prova que tu não O encontraste. Tua tristeza de ter perdido alguma coisa fora Ele é a prova de que tu não chegaste a Ele.

222 . لا تيأَسْ مِن قَبول عَمَل لَم تَجِدْ فيه وُجودَ الحُضور فرُبما قَبِلَ مِن العَمَل ما لم تُدْرَكْ ثمرَتُه عاجِـــــلا .

223 . لا تُزَكِّيَنَّ وارِداً لا تَعْلَمُ ثَمَرَتَهُ فلَيسَ المُرادُ من السَّحـــابَةِ الإمْطارُ وانما المُراد مِنها وُجودُ الأثْمـــار .

224 . لا تَطلُبَنَّ بَقاءَ الوارِدات بعد ان بَسَطَتْ أنوارَها وأودَعَـتْ أسرارَهَا فَلَكَ في آلله غِنىً عن كُلِّ شيءٍ وليس يُغْنيكَ عنه شَـــيءٌ .

225 . تَطلُّعُكَ إلى بَقـاء غَيرِه دَليلٌ علـى عَـدَم وِجْـدَانك لـه واسْتيحاشُكَ لِفِقْدَان ما سِواهُ دَلِيلٌ على عَدَم وُصْلَتِك به .

CAPÍTULO XXIII

226. A felicidade, seja qual for a diversidade de seus aspectos, não existe verdadeiramente a não ser na Presença de Deus e em Sua proximidade. O sofrimento, seja qual for a diversidade de seus aspectos, não existe a não ser pelo véu que O esconde.

A causa do sofrimento é, portanto, a existência do véu; e a perfeição da felicidade é a contemplação de Sua generosa face.

227. Os corações só são oprimidos de inquietudes e tristezas, porque são impedidos de vê-Lo.

228. É por uma perfeita bondade para contigo que Ele te dá o que te basta e te priva do que te tornaria incrédulo.

229. Que poucas coisas te alegrem, para que poucas te entristeçam.

230. Se não queres ser destituído, não te encarregues de uma função que não dura.

231. Se no início (dos cargos mundanos) te seduzem, seu fim fará com que renuncies a eles. Se seu aspecto externo te atrai, sua realidade interna te provocará repulsa.

232. Ele só fez deste baixo mundo um lugar de preocupações, uma mina onde abundam os problemas, para incitar-te a renunciar a ele.

233. Ele sabia que tu não aceitarias um conselho nu e cru, por isso te fez provar amarguras que te facilitarão a renúncia.

226 . النَّعيمُ وإنْ تنوَّعتْ مَظاهِرُهُ إنما هُو لِشُهودِه واقْترابِه والعَذابُ وإن تنوَّعَتْ مَظاهِرُهُ انما هُو لِوُجود حِجابِه فَسَبَبُ العَذابِ وُجودُ الحِجابِ وإتْمامُ النَّعيم بالنَّظَر إلى وَجْهِه الكَريم .

227 . ما تَجِدُ القُلوبُ من الهُموم والأحزان فلأجلِ ما مُنِعتْ مِن وُجود العِيان .

228 . مِن تَمام النِعمَة عليك ان يَرزُقَك ما يَكْفيك ويَمنَعَك ما يُطغيك .

229 . لِيَقِلَّ ما تَفرحُ به يَقِلُّ ما تَحزَنُ عليه .

230 . إن أردتَ أن لا تُعزَلَ فلا تَتولَّ وِلايَةً تَدُومُ لك .

231 . إن رَغَّبَتْكَ البِداياتُ زَهَّدَتْكَ النِّهايات إن دَعاك اليها ظاهِرٌ نَهاكَ عنها باطِنٌ .

232 . إنما جَعَلَهَا مَحلّاً لِلأغيار ومَعدِناً لِلأكْدار تَزهيداً لك فيها

233 . عَلِمَ أنك لا تَقبَلُ النُّصحَ المُجرَّد فَذَوَّقَكَ مِن ذَواقِها ما يُسهِّلُ عليك وُجودَ فِراقِها .

234. A “ciência útil” é aquela cujos raios se espargem no peito e que ergue o véu do coração.

235. A melhor das ciências é a acompanhada pelo temor a Deus.

236. A ciência, se acompanhada do temor a Deus, é em teu benefício; se não, em teu prejuízo.

237. Todas as vezes que tu sofres porque as pessoas não se precipitam em tua direção, ou porque te impelem suas censuras, retorna ao conhecimento que Deus tem de ti.

Se não te é suficiente esse conhecimento, o fato de não te contentares com ele é uma infelicidade maior para ti que a existência da hostilidade das criaturas.

238. Ele só te atormentou por intermédio dos homens a fim de que tu não repouses tranquilamente neles. Ele quis que as preocupações te afastassem de todas as coisas, a fim de que nada te distraísse Dele.

239. Se tu sabes que Satanás não te negligencia, não negligencies Aquele que tem nas mãos “a mecha de teus cabelos”.

240. Ele fez de Satanás teu inimigo, para que este te persiga até que tu te refugies junto de Deus; e Ele pôs em movimento tua alma passional para que te voltes incessantemente para Ele.

234 . العِلمُ النافع هو الذي يَنْبَسِطُ في الصَّدر شُعاعُهُ وينْكشِفُ به عن القَلب قِناعُــــهُ .

235 . خَيرُ العِلْم ما كانتِ الخَشْيَةُ معــــه .

236 . العِلم إنْ قارَنتْهُ الخَشْيَةُ فَلَكَ وإلاَّ فَعَلَيْــــكَ .

237 . مَتى آلمَكَ عَدَمُ إقبَال النَّاس عليك أو تَوجُّهُهم بالذَّم اليك فَارجَعْ إلى عِلْم آلله فيك فإنْ كان لا يُقنِعُكَ عِلمُــــه فَمُصيبَتُكَ بِعَدَمِ قَنَاعَتِكَ بعِلْمِهِ أشَدُّ مِن مُصِيبَتِكَ بِوُجود الأذى منهـــم .

238 . إنما أَجْرى الأَذى على أيْديهِم كَي لا تكونَ ساكِناً اليهم أرَاد أن يُزعِجَك عَن كل شيء حتى لا يَشْغَلَكَ عنـــه شـــيءٌ .

239 . إذا عَلِمتَ أَنَّ الشيطانَ لا يَغفَلُ عنك فلا تَغفَلْ أنت عـــن ناصِيَتك بِيـــدِه .

240 . جَعلَهُ لك عَدُواً لِيَحُوشَكَ به اليه وحَرَّكَ عليك النفسَ لِيَدومَ إقْبَالُكَ عليـــه .

CAPÍTULO XXIV

241. Quem pretende ser humilde é na realidade orgulhoso. De fato, só o homem de posição elevada pode se diminuir; ora, se tu pretendes ter uma posição elevada, então és orgulhoso.

242. Não é verdadeira humildade considerar, depois de se ter humilhado, que se está acima da posição (escolhida por pretensa humildade). A verdadeira humildade é a daquele que, tendo-se humilhado, se sente merecedor de uma posição ainda mais inferior.

243. A verdadeira humildade nasce da contemplação de Sua grandeza e da revelação de Suas qualidades.

244. Só te livrará de tua qualidade a contemplação de Sua Qualidade.

245. O crente absorto no louvor que dirige ao Altíssimo afasta-se do louvor a si mesmo. Ocupado de seus deveres para com Deus, não consegue se lembrar de seus próprios méritos.

246. Não é um verdadeiro amante aquele que espera do amado uma compensação e procura dele tirar proveito. Ama-te quem se dá a ti, e não aquele por quem tu te desentranhas.

247. Se não existisse a arena onde se combatem as paixões, não se realizaria a jornada dos "viajantes" (*sâlikûn*), pois não existe entre Ele e ti distancia tal que te faça viajar para transpô-la, nem obstáculo a remover para chegar até Ele.

241 . مَنْ أَثْبَتَ لِنَفْسِه تَواضُعاً فهُوَ المُتَكَبِّرُ حقاً إذ ليس التَّواضُعُ إلَّا عن رِفْعَةٍ فَمَتى أثبتَّ لِنفسك رِفعَةً فانت المُتَكَبِّرُ حَقاً .

242 . لَيسَ المُتواضِعُ الذي إذا تَواضَعَ رأى أنه فَوق ما صَنَعَ ولَكنَّ المُتَواضِعَ الذي إذا تَواضَعَ رأى انَّه دون ما صَنَعَ .

243 . التَّواضُعُ الحَقيقيُّ هُو ما كان ناشِئاً عَن شُهود عَظَمَتِه وتَجَلِّي صِفَتِه .

244 . لا يُخرجُكَ عنِ الوَصفِ إلَّا شهُودُ الوَصفِ .

245 . المُؤمِنُ يَشغَلُهُ الثَناءُ على آللهِ تَعَالى عَن أن يكونَ لِنفسه شاكِراً وتَشغَلُه حُقوقُ آللهِ عَن انْ يكون لِحُظوظِه ذاكِراً .

246 . ليسَ المُحِبُّ الذي يَرجو من مَحْبوبه عِوَضاً أو يَطلُبُ منه غَرَضاً فإنَّ المُحِبَّ مَن يَبذُلُ لك لَيسَ المُحِبُّ من تَبذُلُ له .

247 . لَولا مَيادِينُ النُّفُوس ما تَحَقَّقَ سَيْرُ السَّائرين إذْ لا مَسافَةَ بَينكَ وبينَهُ حتى تَطْويها رِحْلَتُك ولا قُطعَةَ بينك وبينهُ حتى تَمْحوها وُصلَتُكَ .

248. Ele te colocou no mundo intermediário, entre o mundo terrestre (*mulk*) e o mundo angélico (*malakût*), a fim de te ensinar a elevação de tua posição entre Suas criaturas e a fim de que saibas que tu és uma pérola coberta pelas conchas de Sua criação.

249. O Universo pode conter-te somente no que concerne à tua corporeidade, mas não com respeito à tua natureza espiritual.

250. Aquele que está no Universo e ao qual não foram abertos os campos dos mistérios está aprisionado por seu entorno e confinado no edifício de seu corpo.

251. Tu pertences às coisas criadas enquanto não vês o Criador. Quando tu O vês, são as coisas criadas que te pertencem.

252. A qualidade de escolhido (*khuçûçiyya*) não aniquila (no Sufi) a fraqueza humana (*bashariyya*). Mas essa qualidade pode ser comparada ao nascer do sol que dá luz ao dia. O astro aparece no horizonte, mas não faz parte dele.

Por vezes o sol de Seus atributos se eleva na noite de tua existência, por vezes Ele te retira esse favor e entrega-te à tua limitação. O dia não provém de ti e não te pertence, mas ele chega sobre ti.

253. Por suas obras, Ele prova a existência de Seus nomes: pela existência de seus nomes, Ele atesta a existência de suas qualidades; e pela existência de Suas qualidades, Ele prova a realidade de Sua essência, pois é inconcebível que uma qualidade exista por si mesma.

248 . جَعلَكَ في العَالَمِ المُتوسِّط بين مُلكِه ومَلَكُوتِه لِيُعْلِمَكَ جَلالَةَ قَدْرِكَ بين مَخْلوقَاتِه وأنَّك جَوْهَرَةٌ تَنْطوي عليك أصْدافُ مُكوناتِــــه .

249 . إنما وَسَعَكَ الكَونُ مِنْ حيثُ جِسْمانِيَتِك ولم يَسَعْكَ مِن حيثُ ثُبوتِ روحانِيَتِــــك .

250 . الكائِنُ في الكَوْنِ ولـم تُفْتَحْ لـه مَيادِين الغُيوب مَسْجـونٌ بِمُحِيطَاتِه ومَحْصُورٌ في كل هَيْكَل ذَاتِـــــه .

251 . أنت مع الأكوانِ ما لم تَشْهَدِ المُكَوِّنَ فَإذا شَهِدتَهُ كانت الأكوانُ مَعَـــك .

252 . لا يَلْزَمُ من ثُبوت الخُصوصِيَّةِ عَدَمُ وَصْف البَشَرِيَّة إنما مَثَلُ الخُصوصِية كَإشْراق شَمْس النَّهار ظَهَرَت في الأُفُق وليست منه تَارَةً تُشْرِقُ شُموسُ أوْصَافه على لَيل وُجُودكَ وتَـــارةً يَقبِضُ ذلك عنك فيَرُدُّكَ إلى حُدودكَ فالنَّهارُ ليس منك واليك ولَكنه واردٌ عليـــــك .

253 . دَلَّ بِوُجُودِ آثارِه على وُجود أسْمائه وبِوُجود أسمائِه على ثُبوت أوصافِه وبِثُبوتِ أوصافه على وُجود ذاتِه إذْ مُحالٌ أنْ يَقومَ الوَصفُ بِنَفْســـه .

254. Aos "arrebatados" (*majdhûbûn*), Ele revela inicialmente a perfeição de Sua essência, depois Ele os remete à contemplação de Suas qualidades; depois Ele os traz à amizade de Seus nomes, e enfim à contemplação de Suas obras. Os "viajantes" (*sâllikûn*) encontram-se numa situação inversa, pois a etapa final dos "viajantes" é a primeira dos "arrebatados"; e a etapa primeira dos "viajantes" é a última dos "arrebatados", mas num sentido diferente. Acontece, assim, que eles se encontrem no caminho, uns ao subir, e os outros ao descer.

255. A potência das luzes que iluminam os corações e suas consciências íntimas é conhecida somente no invisível mundo angélico, assim como as luzes dos astros celestes só aparecem neste mundo visível.

256. Experimentar de imediato os frutos dos atos de obediência prenuncia a seus autores a recompensa futura.

257. Como pedirias uma retribuição por um ato que Ele te concedeu praticar, ou como pedirias uma recompensa pela sinceridade com a qual, por Seu favor, tu o cumpriste?

258. Para alguns, as luzes (de seu coração) precedem as invocações (*adkhâr*); para outros, as invocações precedem as luzes. Um invoca (a Deus) a fim de que seu coração seja iluminado, o outro O invoca porque seu coração é iluminado.

259. A lembrança (*dhikr*) de Deus só se manifesta exteriormente (sob a forma da invocação) em consequência de uma visão e de uma compreensão interior.

254 . فَأَربابُ الجَذْب يَكْشِفُ لهم عن كَمال ذاتَه ثُم يَرُدُّهم الى شُهود صِفاته ثم يُرجِعُهم الى التَّعلُّق بأسمائه ثم يرُدُّهم إلى شُهود آثاره والسالِكون على عَكْسِ هذا فَنِهايَةُ السالِكين بِدَايَةُ المَجْذوبين وبِدَايةُ السَّالِكين نِهايَةُ المَجْذوبين لكِنْ لا بِمَعْنَى وَاحِدٍ فرُبَّما الْتَقَيا في الطَّريق هذا في تَرَقِّيهِ وهذا في تَدَلِّيــــه .

255 . لا يُعلَمُ قَدرُ أنوار القُلوب والأَسرار إلاَّ في غَيب المَلَكُوتِ كما لا تَظْهَرُ أنوارُ السَّماء إلاَّ في شَهادةِ المُلــــكِ .

256 . وِجْدانُ ثَمرات الطَّاعة عاجلاً بَشائِرُ العامِلين بوُجود الجَزاء عليها آجِـــــــلاً .

257 . كَيف تطلُبُ العِوَضَ على عَمَل هو مُتصَدِّقٌ به عليك ؟ أمْ كيف تَطلُبُ الجَزاء على صِدقٍ هُو مُهْديهِ اليـك ؟

258 . قَوْمٌ تَسبقُ أنوارُهم أذكارَهُم وقَوْمٌ تَسبقُ أذكارُهُم أنوارَهُم ذاكِرٌ ذَكَرَ لِيسْتَنيرَ قَلبُه وذاكِرٌ إستَنَار قَلبُه فَكَانَ ذاكِـراً .

259 . ما كانَ ظاهرُ ذِكْرٍ إلاَّ عن باطِنِ شُهُودٍ وَفِكْـــرٍ .

260. Ele te fez testemunha (de Sua realidade) antes de pedir teu testemunho. Assim as coisas exteriores proclamam Sua divindade, enquanto os corações e as consciências íntimas realizam Sua unidade.

261. Ele te concedeu três favores notáveis (*karamât*):

- ao te conceder invocá-Lo (ou mencioná-Lo), pois sem Sua graça tu não serás digno de praticar Sua invocação (ou menção); - ao te gratificar com o favor de ser mencionado por Ele, confirmando assim Sua relação contigo; - ao te conceder a honra de ser mencionado junto Dele, e assim Ele completou Sua magnanimidade para contigo.

262. Quantas vidas de longa duração foram pobres em graças, e quantas vidas de curta duração foram ricas em graças.

263. Aquele cuja vida é abençoada obtém em pouco tempo favores divinos tamanhos que eles ultrapassam toda expressão e escapam a toda alusão.

264. É estar completamente abandonado (por Deus) encontrar-se desembaraçado de ocupações e não avançar em Sua direção, ou tendo os obstáculos diminuídos, não viajar em direção a Ele.

265. A meditação (*fikra*) é a viagem do coração nos domínios das coisas criadas.

266. A meditação é a chama do coração, quando ela desaparece, nada o ilumina.

260 . أشهَدَكَ مِن قَبلِ ان يَستَشْهِدَكَ فَنطَقَتْ بِإلهِيَّتِه الظَّواهِــرُ وتحقَّقَت بِأحَدِيَّتِه القلُوبُ والسَّرائــــرُ.

261 . أكْرمَكَ بكَرماتٍ ثَلاث : جَعلَك ذاكِراً له ولَوْلاَ فَضلُه لم تكُن أهلاً لجَرَيانِ ذِكْرِه عليك وجَعَلكَ مذكوراً به اذ حَقَّــقَ نِسبَتَهُ لَديْكَ وجَعلكَ مَذكوراً عِندهُ فتَمَّمَ نِعمَتَهُ عليـك .

262 . رُبَّ عُمْرٍ إتَّسعَتْ آمادُهُ وقَلَّتْ أمدَادُه ورُبَّ عُمرٍ قَليلَةٌ آمادُهُ كَثيرةٌ أمـــدادُه .

263 . مَنْ بُورِكَ له في عُمرِه أدرَكَ في يَسِيرِ مِنَ الزَّمَنِ مِنْ مِنَنِ آلله تَعَالى ما لا يَدخُلُ تحت دَوائِرِ العِبارَةِ ولا تَلحَقُه الإشارة .

264 . الخِذْلانُ كُلُّ الخِذلانِ أنْ تَتَفرَّغَ مِن الشَّواغِل ثُم لا تَتوجَّهَ اليه وتَقِلَّ عَوائِقُكَ ثم لا ترْحَلَ اليــــه .

265 . الفِكْرةُ سَيْرُ القَلب في مَيادينِ الأغيــــار.

266 . الفِكرةُ سِراجُ القَلب فاذا ذَهَبتْ فلا إضاءَةَ لـــــه .

267. Há duas espécies de meditação, uma proveniente de assentimento e de fé, a outra, de contemplação e de visão. A primeira é a dos que refletem; a segunda, a dos que contemplam e discernem.

267 . الفِكرةُ فِكرتان فِكرةُ تصْديق وإيمان وفِكرةُ شهُود وعِيـــان فـالأولى لأرباب الإعتِبـار والثانية لأرباب الشُّهــود والإستِبصـــــار.

EPÍSTOLAS (*RASAIL*)

1ª EPÍSTOLA

Entre as coisas que escreveu a alguns de seus irmãos (*ikhwan*), ele disse (que Deus esteja satisfeito com ele!):

O início revela o fim. Certamente, aquele que inicia em Deus terminará por chegar a Ele.

O objeto de tua preocupação é o que tu amas e em cuja direção tu te empenhas. E o que tu negligencias, é aquilo a que preferes outra coisa.

Quem tem a certeza de que Deus o procura é sincero na sua busca de Deus, e quem sabe que o governo de tudo está em Suas mãos apoia- se inteiramente Nele.

Certamente os pilares do edifício deste mundo devem desabar e suas belezas, ser destruídas.

O homem inteligente é aquele que se regozija com uma felicidade durável mais do que com um prazer passageiro. Sua luz ergueu-se no horizonte e os primórdios da alegria apareceram. Ele se desviou desta estada (deste mundo) fechando os olhos, afastou-se e deu-lhe as costas, não a escolheu como pátria e não a elegeu como morada. Mais que isso, desde este mundo elevou a Deus seu ardente pensamento, e nele caminhou implorando a Deus que o ajudasse a progredir em Sua direção. O corcel de sua resolução caminha sem descanso e persevera em sua rota até o momento em que se ajoelhará perante a santa Presença sobre o tapete da confiante intimidade, lugar das revelações, onde, estando diante Dele, estará sentado em Sua presença e lhe dirigirá a palavra; ele O contemplará e desvendará os mistérios.

رسـائـل

وَقال رَضِي آلله عنه مِما كَتبَ به لبعْض إخوانه :

أما بعدُ فإن البداياتِ مَجلاَّتُ النهاياتِ، وإنَّ مَن كانت بالله بِدايتهُ كانت اليه نِهايتهُ.

والمُشتَغَلُ به هو الذي أحْبَبْتَهُ وسارَعْتَ اليه والمُشتغَلُ عنه هو المُؤثَرُ عليـــه.

وإنَّ مَن أيقَن أنَّ آلله يطلُبُه صَدقَ الطلَبَ اليه ومَن عَلِم أن الأمور بِيَدِ الله إنجمَعَ بالتَّوكُّل عليه.

وأنه لابُد لِبناء هذا الوجُود أن تَنهَدِمَ دَعائِمُه وأن تُسْلَبَ كَرائِمُهُ.

فَالعاقِلُ مَن كان بما هو أبقى أفرحَ مِنهُ بما هُو يَفنَى قد أشرقَ نورُهُ وظَهرتْ تَباشِيرُه فَصَدَف عن هذه الدار مُغضِباً وأعرَض عنها مُولِّياً فَلمْ يَتَّخِذْها وطَناً ولا جعَلَها سَكناً، بل أنهَضَ الهِمَّةَ فيها إلى الله تَعالى وسَار فيها مُستَعيناً به في القُدومِ عليه. فَما زالتْ مَطِيَّةُ عَزمِه لا يَقِرُّ قَرارُها دائِماً تَسْيارُها إلى أنْ أناخَت بِحضْرَةِ القُدس

A Presença divina fará sua morada em seus corações; Nela eles se refugiarão e Nela permanecerão em toda tranquilidade. Se descerem em seguida ao céu das obrigações ou em direção à terra da satisfação dos sentidos, eles ali voltam a descer autorizados, confirmados e enraizados na certeza. Não retornam às obrigações, portanto, por falta de cortesia (para com Deus) ou por negligência, nem às satisfações por paixão e desejo de gozo; ao contrário, se eles põem o pé em terra, é em Deus, por Deus, vindo de Deus e indo para Ele.

Dize: "Senhor, faça-me entrar pela porta da sinceridade, e faça-me sair pela porta da sinceridade" (Corão XVII, 80), a fim de que meu olhar se volte para Tua potência e Tua força no momento em que Tu me colocaste, e que minha submissão e minha docilidade para Contigo sejam inteiras quando Tu me fizeres sair. "E me dês, de Tua parte, uma potência vitoriosa" (Corão XVII, 80) que me ajude, que ajude por meu intermédio e que não me deixe ser vencido, uma potência que me faça triunfar sobre a consciência de mim mesmo arrancando-me do domínio de meus sentidos.

وَبِساطِ الأُنس مَحلِّ المُفاتَحَة والمُواجَهَة والمُجالَسَة والمُحادَثة والمُشاهَدَة والمُطالَعَة فصارت الحَضْرَة مُعَشَّش قُلوبِهم إليها يَأوونَ وفيها يَسكُنونَ .

فَإذَا نَزَلوا إلى سَماءِ الحُقوق أو أرض الحُظُوظ فَبِالإِذْنِ والتَّمكين والرُّسوخ في اليَقين فلَم يَنزلوا إلى الحُقوق بسوء الأدَب والغَفلَةِ ولا إلى الحظُوظ بالشَّهوَة والمُتعَة بل دَخلوا في ذَلِكَ بآلله ولله ومن آلله وإلى آلله .

«وقُلْ رَبِّ ادْخِلني مُدخَلَ صِدْقٍ وأخرجْني مُخْرجَ صِدْقٍ» لِيكون نَظَري الى حَوْلك وقُوّتك اذا ادْخَلْتَني واسْتِسْلامِي وانقِيادي اليك إذا أخْرَجْتَني «واجْعَلْ لي مِن لَدُنْكَ سُلطَاناً نَصيراً» يَنصُرُني وينصُرُ بِي ولا ينصُرُ عَليَّ، ينصُرُني على شُهود نَفسي ويُفْنيني عن دائِرَة حِسِّي .

2ª EPÍSTOLA

Eis ainda o que escreveu em uma de suas cartas:

Se o olho do coração vê que Deus é o único doador de Seus favores, a lei sagrada, por sua vez, decide que é necessário agradecer a seu Representante. Desse ponto de vista, os homens se dividem em três categorias:

A primeira é a do inconsciente imerso em sua inconsciência, submetido ao império dos sentidos, para o qual a Presença divina é obscurecida; considera que as dádivas que desfruta vêm das criaturas e não vê que elas emanam do Mestre dos mundos: ou essa é sua convicção, e então se trata de uma heresia manifesta (a de associar outros seres a Deus), ou ele depende simplesmente das criaturas, e então é uma heresia implícita.

A segunda categoria é a do esoterista que perdeu de vista as criaturas por sua contemplação do Rei-Realidade, e em quem a consciência das causas é aniquilada pela visão do Causador das causas. É um servidor que vive face a face com a Realidade, cujo esplendor aparece nele, um viajante que percorreu a Via e apreciou toda sua amplidão, mas ele está submerso nas Luzes e ofuscado por elas, e por isso já não consegue ver as criaturas. Sua embriaguez prevalece sobre sua sobriedade, sua união sobre sua separação, sua extinção sobre sua subsistência, sua ausência sobre sua presença.

Mais perfeito que ele é o servidor que bebeu e ganhou uma grande lucidez, cuja ausência aumenta a presença; sua união não lhe oculta sua separação, nem sua separação a sua união; sua extinção não o desvia de sua subsistência, nem esta de sua extinção. A cada coisa dá a parte que lhe corresponde; para com cada uma, quita o que lhe é devido.

وقالَ رضِيَ آللهُ عنهُ مِمَّا كَتبَ به لبَعضِ إخْوَانِه :

إنْ كانت عَينُ القَلب تَنظُر إلى أن آلله واحدٌ في مِنَّتِه فالشَّريعَةُ تَقتَضي أنه لاَبُدَّ مِن شُكرِ خَلِيقَتِه.

وإنَّ النَّاسَ في ذلكَ عَلى ثَلاثَة أقسَام :

غافِلٌ مُنهَمِكٌ في غَفلَتِه قَوِيَّتْ دائِرةُ حِسِّه وانطَمَسَتْ حَضْرَةُ قُدسِه فَنَظَرَ الإحسانَ مِن المَخلوقين ولم يَشهَدْهُ مِن رَبِّ العالَمين إما اعْتِقاداً فَشِرْكُه جَلِيٌّ وإما اسْتِناداً فَشِركُه خَفِيٌّ.

وَصاحِبُ حَقيقَة غابَ عَن الخَلْق بِشُهود المَلِكِ الحَقِّ وَفَنِيَ عن الأسْباب بِشُهود مُسَبِّب الأسباب فَهُو عَبدٌ مُواجَهٌ بالحَقيقَة ظاهِرٌ عليه سَناها سالِكٌ لِلطَّريقة قد اسْتَولى على مَداها غيرَ أنَّه غَريقُ الأنوار مَطموسُ الآثار قد غَلَبَ سُكْرُه على صَحْوِهِ وجَمْعُهُ على فَرقه وفَناؤهُ على بَقائِه وغَيبَتُه على حُضورِه.

وأكملُ منه عَبدٌ شَرِبَ فازدادَ صَحْواً وغاب فازْدادَ حُضوراً

Quando Aisha (que Deus a abençoe!) foi inocentada (pela Revelação) e que essa justificativa foi proclamada pela boca do Enviado (sobre ele a benção e a paz!), Abu Bakr Es-Siddiq (que Deus o abençoe!) disse à sua filha: "Agradece ao Enviado de Deus!".

Ela replicou: "Por Deus, agradecerei somente a Deus!" Nessa circunstância, Abu Bakr lhe mostrava a estação mais perfeita, a da "subsistência" (*baqã*), que permite estar consciente das criaturas. Pois Deus não disse: "Sê agradecido a Mim e a teu pai e a tua mãe"? (Corão XXXI, 14).

Pois então, o Enviado de Deus (sobre ele a benção e a paz!) não declarou: "Não é grato a Deus aquele que não é grato aos homens"? Mas, nesse momento, Aisha estava extinta da percepção dos objetos exteriores, inconsciente das criaturas, e via apenas o Único, o Triunfante.

فَلا جَمْعُهُ يَحجُبُهُ عن فَرقِه ولا فَرقُهُ يَحجُبُهُ عن جَمعِه ولا فَناؤهُ يَصرِفُه عَن بَقـائِه ولا بَقاؤهُ يَصُدُّه عن فَنائِه يُعطي كلَّ ذي قِسْطٍ قِسطَهُ ويُوفِي كُلَّ ذي حَقٍّ حَقَّــــهُ.

وقَد قَال أَبُو بَكرِ الصِّدّيقُ رَضي آلله تَعالى عنه لِعَائِشَة رضيَ آلله عنها لَما نَزَلَتْ بَراءَتُها مِنَ الإفْكِ على لِسانِ رَسُولِ آلله صَلّى آلله عليه وسَلم يا عائِشةُ اشكُري رَسُولَ آلله صَلى آلله عليه وسَلم، فَقَالَتْ وآلله لا أَشكُرُ إلاَّ آلله، دَلَّها أبو بَكر على المَقام الأَكمَل مَقام البَقَـاءِ المقتَضِي لإثبـات الآثارِ وقَد قَال آللَّهُ تَعَالى «أنِ اشْكُرْ لي وَلِوَالِدَيْكَ»، وقَال صلَّى آلله عليه وسلَّم لاَ يَشكُرُ آلله مَنْ لاَ يَشكُرُ النَّاسَ. وكَانتْ هي في ذلك الوَقتِ مُصطَلَمَةً عَن شاهِدِها غائِبةً عن الآثارِ فلَم تشْهَد إلا الواحِدَ القَهّارَ.

3ª EPÍSTOLA

Em relação a esta frase do Profeta (Que as bênçãos e a paz estejam sobre ele): "É na oração ritual que encontro o alívio de meus olhos (isto é, minha consolação)", perguntaram a Ibn´Atâ-Illah se este favor tinha sido concedido especialmente ao Profeta (sobre ele esteja a Paz) ou se outras pessoas poderiam dele participar.

Eis a resposta:

O alívio dos olhos pela contemplação (de Deus) varia segundo o conhecimento que se tem do Ser contemplado. Ora, esse conhecimento em outro homem não é comparável ao do Enviado de Deus, e o alívio dos olhos não tem a mesma intensidade.

Diremos somente que o alívio dos olhos do Profeta durante a oração ritual era o resultado da visão da Majestade divina. De fato, ele fez alusão a esse sentido ao dizer: "na" oração e não "pela" oração. Somente o Senhor aliviava seus olhos. E como seria de outro modo se o Profeta mostra esta estação, e ordena aos outros que a realizem dizendo: "Serve a Deus como se tu O visses". Ora, é impossível vê-Lo e ver a Seu lado qualquer outra coisa.

Quando se diz que a oração ritual pode ser a causa de um alívio para os olhos, é porque o fato de cumpri-la é um favor de Deus e emana da Graça divina. Como, então, não se encontrariam nela alegria e alívio para os olhos? Deus, glória a ele, não disse: "Com o favor, com a misericórdia de Deus, que eles se regozijem"? (Corão X, 58). Saibam que esse versículo indica a resposta a quem busca compreender o sentido oculto do discurso. De fato, ele disse: "Com tudo isso, que eles se regozijem!" e não "com tudo isso, regozija-te Muhammad", isto é: dize-lhes que se regozijem com as benesses e as graças divinas, e que tua alegria, quanto a ela, seja causada pelo Autor das graças.

وَقَال رَضِيَ ٱللهُ عنه لما سُئِلَ عن قَوْله صَلَوَاتُ ٱللهِ عَليه وسلامُهُ : «وَجُعِلَتْ قُرَّةُ عَيْنِي في الصَّلاَة» هَل ذَلك خاصٌ بهِ أمْ لِغيرِهِ منهُ شربٌ ونَصِيبٌ ؟

فَأجَـــاب :

إنَّ قُرَّةَ الـعَـيـن بالشُّهُـود عَلى قَدر المَعْـرفـة بالمَشْهـود فَالـرَّسُـول صَلَوات ٱللهِ عَليه وسَلامُـه ليس مَعـرِفَةُ غَيرِه كَمَعرفته، فَلَيسَ قُرَّةُ عَينٍ كَقُرَّته.

وَإنما قُلنا إنَّ قُرةَ عَينه في صَلاته بشُهودِه جَلالَ مَشهُوده لأنَّه قَدْ أشارَ إلى ذلك بقَوْلِهِ «في الصَّلاة» ولَمْ يَقُل «بالصَّلاة».

إذْ هو ـ صَلَواتُ ٱلله عليه وسَلاَمُه ـ لاَ تَقرُّ عينُه بغَير رَبِّه وكَيف وهو يدُلُّ على هَذا المَقَام وَيَأمُر به مَنْ سِواهُ بقَوْلِه صَلَوات ٱلله عَلَيه وسَلامه : «اعْبُدِ ٱلله كأنك تَرَاهُ» ومُحَالٌ أنْ يَراهُ ويَشهَدَ معهُ سواهُ.

فان قَالَ قائِلٌ قَد تَكُون قُرةُ العَين بالصَّلاة لأنها فَضلٌ مِنَ ٱلله وَبارزَةٌ من مِنَّةِ ٱلله فكَيف لا يَفرَحُ بِهَا وكَيف لا تكونُ قُرةُ العَين بها وَقَدْ قَالَ سُبحَانه «قُلْ بِفَضل ٱلله وبرَحْمَتِهِ فَبِذَلِكَ فَلْيَفرَحُوا».

Como é dito em outra sura: “Dize: Allah! E deixe-os entreterem-se com seus vãos discursos” (Corão VI. 91).

فَاعلَم أَنَّ الآيَةَ قد أومَأَتْ إلى الجَوَاب لِمَن تَدبَّرَ سِرَّ الخِطَاب إذ قال «فَبِـذلِـك فَلْيفْـرَحـوا» ومـا قال «فَبذَلك فَافرحْ» يا مُحمد قُل لهم فَليَفرَحوا بالإحْسَانِ والتَّفضُّل ولْيَكُنْ فَرَحُكَ انت بالمُتَفضِّل كَما قَال في الآيةِ الأخرى «قُل آلله ثُم ذَرْهُمْ في خَوْضِهم يَلْعَبـــون».

4ª EPÍSTOLA

Na presença dos favores divinos, os homens dividem-se em três categorias:

Uns se regozijam com esses favores não em consideração para com seu Doador ou seu Autor, mas somente pelo prazer que neles experimentam; esses são os negligentes e a eles se aplicam estas palavras de Deus: "Quando enfim se regozijaram do que lhes fora concedido, Nós os levamos bruscamente". (Corão VI, 44).

Outros se regozijam com esses favores considerando que são uma graça da parte Daquele que os enviou, e uma dádiva da parte Daquele que os outorgou. A eles se aplicam estas palavras de Deus: "Dize: Do favor, da misericórdia de Allah, com tudo isso que se regozijem (os homens) – isto vale mais do que o que eles acumulam" (Corão X, 58). Outros, enfim, tem Deus como fonte de alegria; não se ocupam nem com a alegria material de Seus favores, nem com o pensamento do privilégio que Ele lhes concedeu; ao contrário, estão ocupados exclusivamente em dirigir seus olhares a Deus, desviando-os de qualquer outro objeto, e em buscar a união com Ele, e nada veem senão Ele. A esses se aplicam estas palavras de Deus: "Dize: Allah! e deixe-os entreterem-se com seus vãos discursos" (Corão VI, 91).

Deus revelou a Davi - sobre Ele esteja a paz -: "Ó Davi, diz àqueles que me são muito fiéis que se regozijem e que se entreguem aos deleites da Minha invocação (*dhikr*)".

Que o Altíssimo faça que nossa alegria e a vossa sejam por causa Dele e que Ele nos conceda Sua satisfação; que Ele nos coloque entre aqueles cuja inteligência emana Dele, e que não nos coloque entre os negligentes!

النَّاسُ في وُرود المِنَن عَليهِم على ثَلاثة أقسام :

فَرِحٌ بِالمَنَن لا مِن حَيثُ مُهْديها ومنشِئِها ولَكنْ بوُجودِ مُتعَتِه فيها فَهذا مِن الغافِلين يَصدُقُ عَلَيه قَولُه تَعَالى :

«حتى إذا فَرِحوا بما أُوتُوا أَخَذْنَاهُم بَغْتَةً» .

وفَرِحٌ بالمِنَن من حيثُ أنَّه شَهِدَها مِنَّةً مِمَّن أَرسَلَهَا ونِعمَةً مِمَّن أوصَلَهَا يَصدُقُ عليه قَولُه تَعَالـــى :

«قُل بِفَضل آلله وبرَحمَتِه فَبذَلِك فَلْيَفرَحوا هُو خَيرٌ مِما يَجْمَعُون» .

وَفَرِحٌ بالله ما شَغَلَهُ مِن المِنَن ظاهِرُ مُتعَتِهَا ولا باطِنُ مِنَّتِهَا بل شَغَلَهُ النَّظرُ إلى آلله عَما سِواهُ والجَمعُ عليه فَلا يَشهَدُ إلا إياهُ يَصْدقُ عليه قَوْلُه تَعَالـــى :

«قُل آللَّهُ ثُمَّ ذَرْهُم في خَوضِهِم يَلعَبُـــون» .

وَقَد أوحَى آلله تَعَالى إلى داوُدَ عليه الصَّلاة والسَّلام :

«يا داوُد قُل لِلصِّديقِينَ بِي فَلْيَفْرَحُوا وبِذِكْري فَلْيَتَنَعَّمُوا» .

Que Ele nos coloque na Via dos homens piedosos por Sua graça e Sua generosidade!

وٱللَّهُ تَعَالى يَجعَلُ فَرَحَنَا وإياكُم به وبِالرضا منه وأَن يَجعَلنَا من أهل الفهْم عَنه وأن لا يَجْعلنَا مِنَ الغَافِلِين وأَن يَسلُكَ بِنَا مَسلَكَ المُتَّقين بِمَنِّه وكَرَمِــــهِ.

CONVERSAÇÕES CONFIDENCIAIS (MUNÂJAT)

1. Ó meu Deus! Sou eu o necessitado, mesmo em minha riqueza; como não o seria, em minha pobreza?

2. Ó meu Deus! Sou eu o ignorante, mesmo em minha ciência: como não seria ignaro, em minha ignorância?

3. Ó meu Deus! A diversidade de Tua gestão e a rapidez na execução de Tuas decisões impedem Teus servidores que Te conhecem de se repousar em Teu favor ou de desesperar quando Tu os pões à prova.

4. Ó meu Deus! Meus atos correspondem a minha vil natureza; os Teus devem responder à Tua nobreza e à Tua generosidade.

5. Ó meu Deus! Tu te apresentas pleno para comigo de bondade e de compaixão, e isso antes mesmo que eu existisse com minha fraqueza; Irás recusá-las a mim agora que existo com esta fraqueza?

6. Ó meu Deus! Se as boas ações emanam de mim, é por Tua graça, e a Ti cabe o mérito. E se as más ações emanam de mim, é por Tua justiça, e a Ti pertence o argumento contra mim.

7. Ó meu Deus! Como Tu me deixarias entregue a mim mesmo, se Tu te encarregaste de mim? Como seria eu vítima de uma injustiça, se Tu me assistes? Ou como ficaria decepcionado, se Tu me dás a melhor acolhida?

مناجـــات

وَقَال رَضِيَ الله عنـــه :

1 . إلهي أنا الفَقِيرُ فِي غِنَايَ فَكَيف لا أكُونَ فَقِيراً في فَقْرِي؟

2 . إلهي أنا الجَاهِلُ في عِلْمِي فَكَيف لا أكُون جَهولاً فِي جَهْلِي؟

3 . إلهي إنَّ اخْتِلافَ تَدْبيرِكَ وسُرعَةَ حُلُولِ مَقَادِيرِكَ مَنعا عِبادَكَ العارِفِين بِكَ عَن السُّكون إلى عَطَاءٍ واليَأسِ مِنك في بَلاءٍ.

4 . إلهي مِنِّي ما يَليقُ بِلُؤمي ومِنْكَ ما يَلِيقُ بِكَرَمِــكَ.

5 . إلهي وَصَفتَ نَفسَكَ باللُّطف والرَّأفَة بي قَبْلَ وجُود ضَعْفي أفَتمنَعُني مِنهُما بَعدَ وُجود ضَعفِي ؟

6 . إلهي إنْ ظَهَرَت المَحَاسِنُ مِني فَبِفَضلِكَ ولَكَ المِنةُ عَليَّ وإنْ ظَهَرَتِ المَسَاوِئُ مِني فَبِعَدْلِكَ ولَكَ الحُجَّةُ عَلــيَّ.

7 . إلهي كَيف تَكِلُني إلى نَفسِي وَقَدْ تَوكَّلْتَ لِي؟ وكَيفَ أضامُ وأنتَ الناصِرُ لي؟ أم كَيف أخيبُ وأنتَ الحَفِيُّ بِي؟

Eis-me aqui! Aproximo-me de Ti por minha necessidade de Ti.

Mas como eu me aproximaria de Ti apresentando o que não pode chegar a Ti?

Ou como me queixaria a Ti de minha situação que Tu não ignoras?

Como expressaria (minha necessidade) por palavras quando é por Tua ação que essas palavras Te são dirigidas?

Como minhas esperanças seriam perdidas, se é a Ti que elas se destinam?

Como meus modos de ser não se aperfeiçoariam, se é pela Tua ação que eles são formados e é em Tua direção que eles tendem?

8. Ó meu Deus! Como és piedoso para comigo, apesar da enormidade de minha ignorância! Como Tu és misericordioso para comigo, apesar da pequenez de minha ação!

9. Ó meu Deus! Como estás próximo de mim, e como estou longe de Ti!

10. Ó meu Deus! Como és bom para mim! E de onde vem o véu que me separa de Ti?

11. Ó meu Deus! Pela diversidade de Tua ação (sobre mim) e pelas mudanças de meus estados, compreendi que Tu queres Te dar a conhecer por mim em todas as coisas, de tal modo que eu não Te ignore em coisa alguma.

هَا أنا أتَوَسَّلُ إلَيْكَ بِفَقْرِي إلَيْـــــكَ

وَكَيف أتَوَسَّلُ إليك بِمَا هُوَ مُحالٌ أن يَصِلَ إليـك ؟

امْ كيفَ أشْكُو إليكَ حَالِي وَهي لا تَخْفَى عليـكَ ؟

أم كَيفَ أُترجِمُ لك بِمَقَالِي وهُوَ مِنكَ بَرَزَ إليـــكَ ؟

أم كَيفَ تَخيبُ آمالِي وَهي قد وَفَدتْ إليـــكَ ؟

أم كَيفَ لا تَحسُنُ أَحْوَالِي وَبك قامَتْ واليـــكَ ؟

8 . إلهي ما أَلطَفَكَ بِي مع عَظيم جَهلي وما أَرحَمَكَ بي مع قَبيح فِعلـــــي .

9 . إلهي ما أَقرَبَكَ مِني وما أَبعَدَنِي عَنـــــك .

10 . إلهي ما أَرْأَفَك بي فَما الذي يَحجُبُني عَنــكَ ؟

11 . إلهي قد عَلِمتُ باختِلاف الآثار وتَنَقُّلات الأَطوار أَنَّ مُرادَك مِني أَنْ تَتعرَّف إليَّ في كُل شيء حَتَّى لا أَجهَلَك في شَــيء .

12. Ó meu Deus! Todas as vezes que minha indignidade me incita ao silêncio, pensar em Tua generosidade me incita a falar; e cada vez que meus defeitos me desesperam, Tua benevolência me torna ávido (de recorrer a ela).

13. Ó meu Deus! Aqueles cujas boas obras são repletas de imperfeições, como suas más obras não seriam más? E aqueles cujas estações espirituais estão maculadas de pretensões, como suas pretensões não seriam pretensões?

14. Ó meu Deus! Tua decisão inexorável e Tua vontade invencível não deixam a nenhum orador a audácia de falar, nem a um homem gratificado por um estado espiritual a certeza (da permanência) desse estado.

15. Ó meu Deus! Quantos atos de obediência edifiquei e estados espirituais cultivei - mas Tua justiça destruiu a esperança que eu fundava neles; mais que isso: foi Tua graça que me libertou deles.

16. Ó meu Deus! Tu sabes, mesmo que meus atos de obediência não tenham uma constância efetiva e decisiva, eles persistem, no entanto, graças a meu amor por Ti e a minha resolução.

17. Ó meu Deus! Como tomar uma resolução quando Tu és o que constrange, e como não tomá-la quando és Tu que ordenas?

18. Ó meu Deus! Minhas idas e vindas hesitantes em meio às coisas criadas tornam o santuário distante. Une-me a Ti por um serviço que me faça chegar a Ti.

12 . إلهي كُلَّما أخرسَني لُؤمي أنطقَني كَرَمُك وكُلَّما آيسَتْني أوصَافِي أطمَعَتْني مِنَّتُــــك .

13 . إلهي مَن كانتْ محَاسِنُه مَساوي فَكيفَ لا تَكونُ مَساوِيهِ مَساوي ؟
ومَنْ كانتْ حَقَائِقُــه دَعَاوي فَكيفَ لا تكونُ دَعاوِيــــه دَعَـــاوي ؟

14 . إلهي حُكمُكَ النافِذ ومَشيئَتُك القاهِرة لَم يَتْرُكا لِذي مَقـالٍ مَقالاً ولا لِذي حَالٍ حَــــالاً .

15 . إلهي كَم مِنْ طاعَةٍ بَنَيتُها وحَالَة شَيَّدتُها هَدَمَ إعْتِمَادي عليها عَدلُكَ بل أقالَني مِنها فَضلُـــــك .

16 . إلهي أنت تَعلَمُ وإنْ لم تَدُم الطاعَةُ مِنّي فِعلاً جَزماً فقد دامَتْ مَحَبَّة وعَزمــــا .

17 . إلهي كيف أعزِمُ وأنت القاهِرُ وكيفَ لا أعزِمُ وأنت الآمِرُ؟ .

18 . إلهي تَرَدُّدي في الاثار يوجِبُ بُعد المَزار فاجْمَعني عليك بِخِدْمةٍ تُوصِلُنـــي إلَيْــــك .

19. Ó meu Deus! Como se pode tentar provar Tua existência por seres cuja existência depende de Ti? Um outro que não Tu seria ele mais manifesto do que Tu, ao ponto de que fosse ele quem Te manifestasse? Quando te ausentaste, ao ponto de ser necessária uma prova que Te prove? Quando Te afastaste para que sejam as marcas de Tua ação que façam (Teu servidor) chegar a Ti?

20. Ó meu Deus! Cego é o olho que não vê que Tu és para ele um observador; e sem proveito é o negócio de (Teu servidor) se Tu não lhe atribuíste uma parcela de Teu amor.

21. Ó meu Deus! Tu ordenaste que eu voltasse ao meio de Tuas criaturas, Permite-me voltar envolto em luzes e dotado de discernimento, a fim de que delas eu retorne a Ti, como foi delas que eu saí em direção a Ti, com o íntimo de minha consciência preservado de todo olhar para elas e minha vontade para além de todo apoio nelas: "Em verdade, Tu tens o poder sobre todas as coisas" (Corão LXVI, 8).

22. Ó meu Deus! Eis a minha miséria manifesta diante de Ti; eis o meu estado, ele não te está oculto. É a partir de Ti que peço a chegada a Ti, e é por meio de Ti que me conduzo em direção a Ti: por Tua luz, conduze-me em direção a Ti, e mantém-me diante de Ti pela sinceridade de minha servidão.

23. Ó meu Deus! Ensina-me uma parte de Tua ciência reservada, e protege-me pelo mistério de Teu nome secreto.

19 . إلهي كيفَ يُستَدَلُّ عليكَ بِما هُو في وُجوده مُفتَقِرٌ اليك ؟
أيكونُ لِغيْرِكَ مِن الظُّهور ما ليسَ لكَ حَتى يكونَ هو المُظهِرُ لَــكَ ؟
مَتى غِبْتَ حتى تَحتَاجَ إلى دَليل يَدُلُّ عليكَ ؟
ومَتى بَعُدْتَ حتى تكُونَ الآثارُ هي التي تُوصِلُ اليــــك ؟

20 . إلهي عَمِيَتْ عَينٌ لا تَرَاكَ عليها رَقيباً وخَسِرَت صَفْقَةُ عَبدٍ لم يَجعَل له مِن حُبِّكَ نَصيبــــاً .

21 . إلهي أمَرْتَ بالرُّجوع إلى الاثار فَارجِعْني إليها بكِسْوة الأنوار وهِدايَة الإستِبْصار حتى أرجِعَ إليكَ مِنها كما دَخَلتُ اليكَ منها مَصُونَ السِّرِّ عن النَّظَر اليها ومَرفوعَ الهِمَّة عن الإعتِماد عليها «إنَّكَ على كُلِّ شيء قَديــــر» .

22 . إلهي هذا ذُلِّي ظاهِرٌ بين يَدَيْكَ وهذا حالي لا يَخْفَى عليك مِنكَ أطلُبُ الوُصول إليك وبِكَ أستَدِلُّ عليك فاهْدِني بِنورِكَ اليك وأقِمني بصِدق العُبودِية بين يدَيْــــكَ .

23 . إلهي عَلِّمْني من عِلمِكَ المَخْزون وصُنِّي بِسِرِّ اسْمِــــكَ المَصُــــون .

24. Ó meu Deus! Faze-me participar nas "realizações" das pessoas da Proximidade e concede-me seguir a Via dos Arrebatados. (*fadhb*).

25. Ó meu Deus! Dispensa-me por Tua providência (*tadbir*) de preocupar-me comigo mesmo; poupa-me, escolhendo por mim, de escolher eu mesmo, e mantém-me no sentimento da necessidade em que me encontro de recorrer a Ti.

26. Ó meu Deus! Tira-me da baixeza da minha alma passional! Purifica-me de minha dúvida e de meu "politeísmo" (*shirk*) antes que eu habite a tumba! É de Ti que imploro ajuda, socorre-me! É em Ti que repouso, não me deixa contar com outro que não Tu. É a Ti que imploro, não me decepciona! É Tua graça que desejo, não me priva Dela! Não estou próximo de Ti? Não me afastes, então! Estou de pé à Tua porta, não me rechaces!

27. Ó meu Deus! Tua satisfação é demasiadamente santa e gratuita para ter uma causa, mesmo proveniente de Ti, como poderia ela ser causada por mim? Tu és o Rico, Independente por Tua essência, tanto é que Tu não podes tirar proveito nem de Ti mesmo, como Tu não poderias prescindir de mim?

28. Meu Deus! Os erros predestinados me venceram, e a paixão pelos liames da concupiscência, me acorrentaram. Sê Tu, portanto, o Meu defensor, para que eu triunfe e que Tu triunfes por mim. Enriquece-me por Tua graça a tal ponto que, por Ti, eu seja dispensado de Te solicitar.

24 . إلهي حَققني بحَقائِق أهل القُربِ واسْلُك بي مَسالِكَ أهل الجَذْبِ .

25 . إلهي أغنِني بتَدْبيرِكَ عن تَدبيري وبِاخْتِيارِكَ لي عن اخْتِياري وأوْقِفْني على مَراكِز اضْطِراري .

26 . إلهي أخرِجْني من ذُلِّ نَفسِي وطَهِّرني من شَكي وشِركي قَبل حُلول رَمسي بك أسْتَنصِرُ فانْصُرني وعليكَ أتوكَّل فلا تَكِلْني وإيَّاكَ أسأل فلا تُخَيِّبني وفي فَضْلكَ أرغَبُ فلا تَحْرِمني ولجَنابِك أنتَسِبُ فلا تَبعِدْني وبِبابِكَ أقِفُ فلا تَطرُدْنِي .

27 . إلهي تَقَدَّس رِضاكَ عَنْ أنْ تكونَ له عِلَّةٌ مِنكَ فكَيفَ تكونُ له علَّة مِنِّي ؟ أنتَ الغَنيُّ بذاتِكَ عن ان يَصِلَ اليك النَّفعُ منك فكَيفَ لا تكونُ غَنِياً عَنِّي ؟

28 . إلهي إنَّ القَضاءَ والقَدَرَ غَلَبَني وإنَّ الهَوَى بوثائِق الشَّهْوَة أسَرَني فَكُنْ أنت النَّصيرُ لي حتى تَنْصُرَني وتَنصُرَ بي واغْنِني بِفَضلِكَ حتى أسْتَغْني بك عن طَلَبِي .

29. Foste Tu quem fez brilharem as luzes nos corações dos Teus santos, para que Te conheçam e Te proclamem único. Foste Tu quem retirou toda alteridade dos corações de Teus bem-amados, para que não amem nada além de Ti e não busquem refúgio senão em Ti. És Tu quem lhes faz companhia quando Tu os tornaste estranhos ao mundo. Foste Tu quem os guiou até que apareçam os Teus sinais.

30. O que pode encontrar quem Te perdeu, e o que pode perder quem Te encontrou? Decepcionado quem recebe outro que não Tu, e arruinado quem deseja outro em Teu lugar.

31. Como podemos depositar nossa esperança em outro que não Tu, Tu que não interrompes Tuas dádivas? Como podemos implorar a outro que não Tu, Tu que não cessas de nos cumular com Tuas bondades?

32. Ó Tu, que fizeste com que teus bem-amados provassem a doçura de Tua intimidade, de tal modo que Te cercaram de uma sutil amizade. Ó Tu, que adornaste Teus santos com a veste do temor reverencial, de modo que eles são glorificados por Tua glória. Foste Tu que pronunciaste Teu nome antes que eles O pronunciassem; és Tu que manifestas a virtude antes que Teus adoradores se voltem para Ti. És Tu o generoso, que distribuístes Teus dons antes que Te os pedissem os pedintes. És Tu o distribuidor de dons, e és Tu, enfim, que fazes frutificar o que Tu nos dás, aceitando-o como empréstimo.

29 . أنت الذي أشْرَقْتَ الأنوارَ في قُلوب أوليَائِك حتّى عَرَفُوكَ ووَحَّدوكَ وأنت الذي أزلْتَ الأغْيار مِن قُلوب أحْبابِك حتى لَم يُحبُّوا سِواكَ ولم يلجؤوا الى غيرِكَ ، أنت المُؤنِسُ لهم حيثُ أوْحَشَتْهُم العَوَالِمُ وانت الذي هَدَيتَهُم حتى اسْتَبانَتْ لَهُم المَعَالِـــمُ .

30 . ماذا وَجدَ مَن فَقدَكَ وماذا فقدَ مَنْ وَجَدَكَ ؟ لقَدْ خـــابَ مَن رَضِيَ دونَكَ بَدَلاً ولقدْ خَسِرَ من بَغَى عنك مُتَحَوَّلاً .

31 . إلهي كَيفَ يُرجى سِواكَ وأنت ما قَطعْتَ الإحسانَ ؟
وكَيفَ يُطلَبُ مِن غيرك وأنت ما بَدَّلتَ عادَةَ الإمْتِنـــان ؟

32 . يا مَنْ أذاقَ أحِبَّاءَهُ حَلاوةَ مُؤانسَته فقاموا بين يَدَيهِ مُتَملِّقين وَيا مَن ألبَسَ أولِياءَهُ ملابِسَ هَيبَتِهِ فَقاموا بِعِزَّته مُسْتَعِزيـــن أنتَ الذّاكِرُ مِن قَبل الذاكِرين وانت البادِي بالإحْسانِ مِن قبل تَوَجُّه العابِدين وأنت الجَوادُ بالعَطاء مِن قَبـل طَلَـــب الطالِبين وأنت الوَهَّابُ لَنا ثم أنت لِما وَهَبْتَنا مِـــن المُستَقرِضين .

33. Ó meu Deus! Em Tua benevolência chama-me até que eu chegue a Ti, e atrai-me por Tua graça de modo que eu me dirija em Tua direção.

34. Ó meu Deus! Minha esperança em Ti não cessa, mesmo depois de eu Lhe ter desobedecido; da mesma maneira, não paro de temer-Te mesmo depois de Lhe ter obedecido.

35. Ó meu Deus! As criaturas me impeliram em direção a Ti. Conhecendo Tua nobre generosidade, parei diante da Tua porta.

36. Ó meu Deus! Como ficaria decepcionado quando Tu és minha esperança; como seria desprezado se é em Ti que me apoio!

37. Ó meu Deus! Como poderia aspirar à grandeza quando Tu me assentastes em minha humildade, e como não aspirar à grandeza quando Tu me aproximaste de Ti?

38. Ó meu Deus! Como não sentiria minha necessidade de Ti, já que foste Tu quem me estabeleceu nessa necessidade? Ou como experimentaria uma necessidade, se por Tua generosidade Tu me enriqueceste?

És Tu que és o Deus além do qual não há Deus. Tu Te deste a conhecer a todas as coisas; coisa alguma Te ignora; foste Tu que te deste a conhecer a mim em todas as coisas, e eu Te vi manifesto em todas as coisas, e Tu és evidente por todas as coisas.

Ó Tu que, em Tua misericórdia, te sentaste em Teu trono, de forma que o trono desapareceu em Tua misericórdia, como haviam desaparecido as criaturas em Teu trono. Tu aniquilaste Teus vestígios por Teus vestígios, e Tu extinguistes tudo que não sejas Tu pelas esferas envolventes da Luz.

33 . إلهي اطْلُبني برَحْمَتِكَ حتى أَصِلَ اليك واجْذِبْني بمِنَّتك حتى أُقبِلَ عليــــكَ .

34 . إلهي إنَّ رَجَائي لا يَنقَطِعُ عنك وإنْ عَصَيتُكَ كما أنَّ خَوْفي لا يُزايِلُني وإنْ أطَعتُـــكَ .

35 . إلهي قَد دَفعَتْني العَوَالِمُ اليكَ وقدْ أوقَفَني عِلمي بِكَــرَمِكَ عَليــــكَ .

36 . إلهي كَيفَ أخيبُ وأنت أمَلي أم كيف أهانُ وعليك مُتَّكَلي؟

37 . إلهي كَيفَ أستَعِزُّ وأنت في الذِلَّة أركَزتَني ؟ ام كيـــف لا أستَعِزُّ وإليك نَسَبْتَني ؟

38 . أمْ كَيفَ لا أفتَقِرُ وأنت الذي في الفَقْــرِ أقَمتَني؟ أمْ كيف أفتَقِر وأنت الذي بِجُودك أغْنَيتَنِـــي ؟
أنتَ الذي لا إلهَ غَيرُكَ تَعَرَّفتَ لِكلِّ شيء فما جَهَلَكَ شَيءٌ وانت الذي تَعَرَّفتَ إليَّ في كُل شيء فرأيتُكَ ظاهراً في كُـل شيء فأنتَ الظّاهِرُ لِكل شـــيء .

Ó Tu que estás oculto sob os pavilhões de Teu poderio, longe do alcance dos olhares!

Ó Tu que te revelaste pela perfeição de Tua resplandecente beleza e cuja magnificência foi realizada nas profundezas dos corações.

Como estarias oculto, quando Tu és o único manifesto; como Tu desaparecerias, quanto Tu és o observador onipresente?

É Deus que conduz pela boa Via, e é a Ele a quem recorro!

يا مَن اسْتَوى بِرحْمانِيَّته على عَرْشِه فَصارَ العرشُ غَيباً في رَحمانِيَّتِه كما صارَت العَوالِمُ غَيباً في عَرشِه مَحَقْتَ الاثارَ ومَحَوْتَ الأغيارَ بمُحيطاتِ أَفلاكِ الأَنــوار.

يا مَن احْتَجَبَ في سُرادِقات عِزِّه عَن أَن تُدْرِكَه الأَبصـــارُ.

يا مَن تَجلَّى بِكَمال بَهائِه فَتَحقَّقَتْ عَظَمَتَه الأَســرارُ.

كَيف تَخْفى وأنت الظاهِرُ أمْ كيف تَغيبُ وأنت الرَّقيبُ الحـاضِرُ ؟

وآلله الموفِّقُ وبِه أَستَعِيـــنُ.